Sönke Gödeke

Basiswissen ZPO

Die Grundlagen in Frage und Antwort

1. Auflage 2008

ISBN 978-3-86724-136-6

1. Auflage 2008

© 2008 Niederle Media

Bezug über den Buchhandel oder direkt vom Verlag
Niederle Media
48341 Altenberge
Fax (02505) 93 98 99
E-Mail: info@niederle-media.de
www.niederle-media.de

Druck:

▶ Inhalt

▶ Basiswissen ZPO I - Erkenntnisverfahren

▶ Basiswissen ZPO II - Zwangsvollstreckung

▶ Vorwort

Nicht nur während des Studiums, sondern gerade auch in Bezug auf die mündliche Prüfung im juristischen Staatsexamen wird von den Studierenden und Prüflingen zu Recht erwartet, dass sie mit den Grundzügen des Prozessrechts vertraut sind. Das vorliegende Skript soll Ihnen bei der weiteren Vorbereitung das notwendige Basiswissen mit auf den Weg geben.

Wert wurde bei der Erstellung insbesondere darauf gelegt, immer wieder auch die **klausur- und examenstypischen Problemfelder** darzustellen und somit eine wertvolle Hilfestellung bei der gezielten Vorbereitung zu bieten.

Die abgehandelten Fragen und Antworten stellen für Sie eine wichtige Grundlage zur Vorbereitung auf die Prüfungswirklichkeit dar. Konzentrieren Sie sich bei Ihrer Vorbereitung auch auf die als Merkposten gegebenen zusätzlichen Informationen. Insbesondere vor dem Hintergrund, dass sich Klausuren aus dem Bereich des Zivilprozessrechts hervorragend anbieten, um Notendifferenzierungen vornehmen zu können, sollten Sie diesen Bereich nicht vernachlässigen.

Viel Erfolg für Ihre Prüfungen wünscht

Sönke Gödeke

A. Basiswissen ZPO I - Erkenntnisverfahren

I. Grundlagen - Erkenntnisverfahren

1. Welchem Zweck dient der Zivilprozess?

Die gewaltsame und eigenmächtige Durchsetzung eigener Ansprüche (Selbstjustiz) ist aus Gründen des Rechtsfriedens von Gesetzes wegen nicht gewollt. Nur ausnahmsweise ist es dem Bürger erlaubt, seine Rechte eigenmächtig durchzusetzen, beispielsweise innerhalb von:

- Notwehr, § 227 BGB
- Notstand, §§ 228, 904 BGB
- Selbsthilfe, § 229 BGB
- Besitzschutz, §§ 859 ff. BGB.

Aus diesem Verbot der Selbstjustiz und dem damit verbundenen Gewaltmonopol des Staates folgt spiegelbildlich die sog. Justizgewährungspflicht.

Der Staat ist also verpflichtet, dem Bürger vor Gerichten ein geregeltes Verfahren anzubieten, in dem der Einzelne seine Rechte geltend machen und durchsetzen kann. Der Zivilprozess dient also der Feststellung und Durchsetzung subjektiver Rechte.

Die verfassungsmäßige Grundlage hierfür leitet sich aus Art. 19 Abs. 4, Art. 101 Abs. 2, Art. 103 GG ab.

2. Das Zivilverfahren ist Teil der ordentlichen Gerichtsbarkeit. Welche anderen Gerichtsbarkeiten gibt es noch?

Neben der ordentlichen Gerichtsbarkeit, die nach § 13 GVG für bürgerliche Rechtsstreitigkeiten und Strafsachen zuständig ist, existiert die Fachgerichtsbarkeit.

Dies sind:

- Verwaltungsgerichtsbarkeit
- Sozialgerichtsbarkeit
- Arbeitsgerichtsbarkeit
- Finanzgerichtsbarkeit

Hinweis: Da die Verfassungsgerichte der Länder und des Bundes nur für die Einhaltung von Verfassungsrecht zuständig sind, stehen sie außerhalb dieser Einteilung. Der Zugang zur Verfassungsgerichtsbarkeit ist in der Regel erst nach Rechtswegerschöpfung zulässig, also subsidiär.

3. Wie lässt sich der Zivilprozess untergliedern?

Aus dem Aufbau der ZPO ergibt sich, dass das zivilprozessuale Verfahren in zwei Abschnitte untergliedert werden kann, das Erkenntnisverfahren (auch Entscheidungs- oder Urteilsverfahren genannt) und das Vollstreckungsverfahren.

4. Was verbirgt sich hinter dem Begriff „Erkenntnisverfahren"? Wo finden sich gesetzliche Regelungen dazu?

Betrachtet man die Inhaltsübersicht der ZPO wird deutlich, dass sich Regelungen zum Erkenntnisverfahren in Buch 1 bis 7 der ZPO finden lassen.

Hierbei geht es um die Prüfung der Existenz des vor dem Zivilgericht erhobenen Anspruchs, also die Ermittlung der entscheidungserheblichen Tatsachen. Dies erfolgt durch die freie richterliche Beweiswürdigung, vgl. § 286 Abs. 1 ZPO.

Das Erkenntnisverfahren wird durch Urteil, Verfügung oder Beschluss abgeschlossen.

Hinweis: Aus Sicht der klagenden Partei ist das Erkenntnisverfahren der Weg bis zum vollstreckbaren Titel.

5. Was verbirgt sich hinter dem Begriff „Vollstreckungsverfahren"? Wo finden sich gesetzliche Regelungen dazu?

Das Vollstreckungsverfahren findet seine gesetzlichen Vorschriften im 8. Buch der ZPO geregelt. Es dient der Durchsetzbarkeit der im Erkenntnisverfahren festgestellten privatrechtlichen Ansprüche und schafft Regelungen zum Ausgleich von Gläubiger- und Schuldnerinteressen.

Innerhalb des Vollstreckungsverfahrens schafft das 8. Buch der ZPO den rechtlichen Rahmen auch zur zwangsweisen Durchsetzung subjektiver Rechte durch staatliche Vollstreckungsorgane. Das Vollstreckungsverfahren trägt somit dem Gewaltmonopol des Staates einerseits und der Justizgewährungspflicht andererseits Rechnung.

6. Welchem Zweck dient das GVG?

Die gesetzliche Grundlage für den Aufbau der Zivilgerichtsbarkeit findet sich im Gerichtsverfassungsgesetz (GVG).

Das GVG enthält im Wesentlichen Regelungen über

- die Zuständigkeit der Gerichte,
- die Aufgabenzuweisung,
- den mehrstufigen Aufbau (Instanzenzug) und
- die Besetzung und Benennung der Spruchkörper.

Hinweis: Aus dem GVG wird auch deutlich, dass die Spruchkörper am Landgericht als Kammern (vgl. § 60 GVG) und am Oberlandesgericht (vgl. § 116 Abs. 1 S. 1 (GVG) sowie am Bundesgerichtshof (vgl. § 130 Abs. 1 S. 1 GVG) als Senate bezeichnet werden.

Hinweis: Das GVG stammt in seiner ursprünglichen Fassung vom 27. Januar 1877. Am 09. Mai 1975 erfolgte durch den Bundesgesetzgeber eine vollständige Neubekanntmachung.

7. Wie verläuft der Instanzenzug?

Der Instanzenzug beginnt in Zivilsachen beim Amtsgericht oder beim Landgericht.

Nach § 23 GVG folgt die Zuständigkeit der Amtsgerichte aus einem Streitwert bis einschließlich Euro 5.000,-- sowie aus den Fällen des § 23 Nr. 2 GVG oder in Familiensachen nach § 23a GVG.

Hinweis: § 23 Nr. 2 lit. a) GVG (lesen!) bezieht sich nur auf Mietverhältnisse über Wohnraum. Hier werden oftmals Fehler gemacht, weil in dem Wissen um diese Regelung leichtfertig eine allgemeine amtsgerichtliche Zuständigkeit für alle Mietstreitigkeiten bejaht wird. Eine solche besteht aber gerade nur für Wohnraummietverhältnisse.

Nach § 71 GVG sind in allen anderen Fällen die Landgerichte in erster Instanz zuständig. Dies sind Streitigkeiten, die einen Streitwert über Euro 5.000,-- erreichen sowie – unabhängig vom Streitwert – alle Klagen aus Amtshaftung.

Hinweis: In Deutschland existieren gegenwärtig 116 Landgerichte.

Die zweite Instanz wird durch die Landgerichte und Oberlandesgerichte gebildet.

Gegenüber den Amtsgerichten ist grundsätzlich das Landgericht die zweite Instanz. Dies folgt unmittelbar aus § 72 GVG.

Hinweis: Eine Ausnahme hiervon bilden Urteile des Familiengerichts. Nach § 119 Abs. 1 Nr. 1 GVG ist hier das Oberlandesgericht die zweite Instanz.

Das Oberlandesgericht ist nach § 119 Abs. 1 Nr. 2 GVG die nächste Instanz gegenüber erstinstanzlichen Entscheidungen der Landgerichte.

Als dritte und letzte Instanz ist – unabhängig von der Frage, vor welchem Gericht das Verfahren begonnen hat – der Bundesgerichtshof tätig. Dies folgt aus § 133 GVG.

Vgl. das nachfolgende Schaubild:

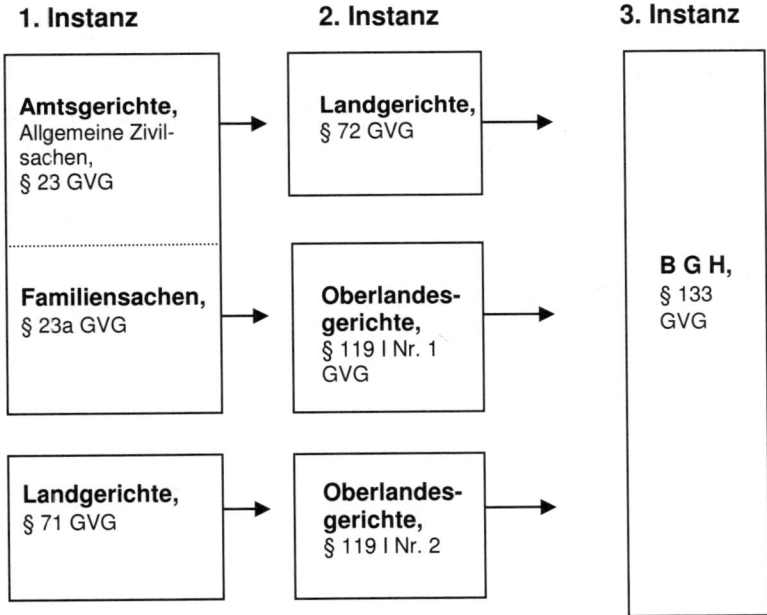

II. Grundsätze des Verfahrens im Zivilprozess

1. Welcher Aufgabe dienen die Verfahrensgrundsätze? Nennen Sie die wichtigsten von ihnen!

Es wurde schon dargestellt, dass dem Staat eine Justizgewährungspflicht zukommt. Die Pflicht zur Schaffung eines zuverlässigen und geordneten Verfahrens folgt unmittelbar aus dieser Pflicht.

Die Bürger haben aber innerhalb ihrer verfassungsrechtlich geschützten Privatautonomie als Teil der allgemeinen Handlungsfreiheit nach Art. 2 Abs. 1 GG die Entscheidungsfreiheit darüber, ob sie ein Zivilverfahren anstreben. Ihnen kommt die sog. Parteiherrschaft über das Verfahren zu.

Die Verfahrensgrundsätze bringen in allgemeiner Form die Wertungen zum Ausdruck, die in den speziellen Verfahrensvorschriften normiert sind. Der Ablauf des gesamten Verfahrens, das Verhalten der Gerichte und der Parteien ist von ihnen geprägt.

Die wichtigsten Verfahrensgrundsätze sind:

- Dispositionsmaxime
- Beibringungsgrundsatz
- Mündlichkeitsgrundsatz
- Anspruch auf rechtliches Gehör
- Öffentlichkeitsgrundsatz
- Grundsatz der Unmittelbarkeit
- Beschleunigungsgrundsatz.

2. Was versteht man unter der Dispositionsmaxime?

Die Dispositionsmaxime ist das prozessuale Gegenstück zur Privatautonomie. Sie regelt die Herrschaft der Parteien über das Verfahren und den Verfahrensgegenstand. Innerhalb der Privatautonomie hat der Einzelne das Recht darüber zu entscheiden, mit wem er Verträge eingeht.

Im Hinblick auf einen Prozess hat der Einzelne ebenfalls das Recht zu entscheiden, ob er seine subjektiven Rechte innerhalb des Gerichtsverfahrens durchsetzen möchte oder davon absieht.

Hinweis: Im Gegensatz dazu liegt die Herrschaft über das strafprozessuale Verfahren beim Staat. Dieses Offizialprinzip ist in § 152 Abs. 1 StPO geregelt.

Der Dispositionsgrundsatz ist durch folgende Erscheinungsformen gekennzeichnet:

- Der Prozess beginnt aufgrund der Willensentscheidung der klagenden Partei.

  Merke: Wo kein Kläger da kein Richter.

- Der Umfang des Rechtsstreits wird durch die klagende Partei bestimmt. Hierzu muss der Kläger einen bestimmten Antrag stellen, vgl. § 253 Abs. 2 Nr. 2 ZPO.

- Das verhandelnde Gericht ist an diesen Antrag gebunden, vgl. § 308 Abs. 1 ZPO.

- Die Parteien bestimmen über den Fortgang des Verfahrens, vgl. §§ 91a, 269, 307 ZPO.

Der Dispositionsgrundsatz stößt auf Grenzen, wo den Parteien die Dispositionsbefugnis entzogen ist:

- Keine Disposition über Fristen und Termine, vgl. § 227 ZPO.

- Zustellung der Klage (§ 271 ZPO), Ladung zum Termin (§ 274 ZPO) und Zustellung des Urteils (§ 317 ZPO).

14

3. Was versteht man unter dem Verhandlungsgrundsatz (Beibringungsgrundsatz)?

Schon aus der Bezeichnung als Verhandlungsgrundsatz wird deutlich, dass es Aufgabe der Parteien ist, die entscheidungserheblichen Tatsachen vor dem Gericht beizubringen. Es obliegt ihnen, den Streitstoff in den Prozess einzuführen, über seine Feststellungsbedürftigkeit zu entscheiden und die Feststellung des Streitstoffs zu betreiben, vgl. § 282 Abs. 1 ZPO.

> **Merke**: Dieser Grundsatz folgt aus der römisch-rechtlichen Tradition und wird auf lat. als „Da mihi facta, dabo tibi ius" (Gib mir Fakten und ich werde dir Recht geben) bezeichnet.

Das Gericht ist insoweit an den Tatsachenvortrag der Parteien gebunden.

> **Beachte**: Rechtsausführungen schuldet der Kläger nicht. Denn auch hier gilt der römisch-rechtliche Grundsatz „jura novit curia" (Das Recht kennt das Gericht).

Der Grund für die Existenz des Verhandlungsgrundsatzes liegt darin, dass es kein öffentliches Interesse gibt, dass Gerichte die Wahrheit von Tatsachen im Hinblick auf solche privatrechtlichen Rechtsbeziehungen ermitteln, die allein der Verfügungsgewalt der Individuen unterliegen.

> **Merke**: Das Gegenstück hierzu bildet der bspw. im Strafprozess anzutreffende Amtsermittlungsgrundsatz, vgl. §§ 155 Abs. 2, 244 Abs. 2 StPO.

Der Verhandlungsgrundsatz findet seine Grenzen innerhalb

- der richterlichen Aufklärungspflicht gemäß § 139 ZPO,
- der den Parteien obliegenden Wahrheitspflichten, § 138 ZPO,
- solcher Beweiserhebungen, die von Amts wegen erfolgen, §§ 142, 144, 448 ZPO.

4. Was versteht man unter dem Mündlichkeitsgrundsatz?

Für den Zivilprozess geht der Gesetzgeber davon aus, dass Entscheidungsgrundlage nur das sein kann, was Gegenstand der mündlichen Verhandlung gewesen ist, vgl. § 128 Abs. 1 ZPO oder § 137 ZPO.

Ausnahmen erfährt dieser Grundsatz durch die Möglichkeit der Vorbereitung durch Schriftsätze, vgl. z.B. §§ 128 Abs. 2 ZPO und den Umstand, dass für bestimmte Verfahrenshandlungen aufgrund der überragenden Bedeutung die Schriftform angeordnet ist, vgl. § 253 Abs. 5 ZPO für die Klageerhebung.

5. Was versteht man unter dem Recht auf „rechtliches Gehör"?

Der Anspruch auf rechtliches Gehör ist verfassungsmäßig in Art. 103 Abs. 1 GG verankert.

Innerhalb des Zivilprozesses hat daher jede Partei im Vorfeld der Entscheidung die Möglichkeit, zum gegnerischen Vortrag Stellung nehmen zu können, vgl. §§ 136-139 ZPO. Eine Pflicht zur Stellungnahme besteht aber gerade nicht.

6. Was versteht man unter dem Öffentlichkeitsgrundsatz?

Der Grundsatz der Öffentlichkeit mündlicher Verhandlungen ist ein Bestandteil des Rechtsstaatsprinzips und entspricht dem allgemeinen Öffentlichkeitsprinzip der Demokratie.

Der Sinn der auf einer langen Tradition beruhenden Gerichtsöffentlichkeit liegt zum einen darin, dass die im Verfahren Beteiligten in Gestalt einer Verfahrensgarantie gegen eine der öffentlichen Kontrolle entzogene Geheimjustiz geschützt werden. Zum anderen wurde es als eigene Rechtsposition des Volkes empfunden, von den Geschehnissen im Lauf einer Gerichtsverhandlung Kenntnis zu nehmen und die durch die Gerichte handelnde Staatsgewalt durch Anwesenheit zu kontrollieren. Seine Ausprägung findet dieser Grundsatz in § 169 S. 1 GVG.

Merke: Gemäß § 311 Abs. 1 ZPO ergeht das Urteil im Namen des Volkes. Hierin kommt zum Ausdruck, dass das Staatsvolk als Souverän die Rechtsprechungsbefugnisse an die Gerichte delegiert hat. Zur Aufrechterhaltung dieser Legitimation muss eine öffentliche Kontrolle möglich sein.

Merke: Der erste Senat des BVerfG hat in seiner viel beachteten Entscheidung vom 24. Januar 2001 entschieden, dass das Verbot von Rundfunk- und Fernsehaufnahmen während Gerichtsverhandlungen zulässig ist. Nach Art. 5 Abs. 1 GG sind nur allgemein zugängliche Informationsquellen geschützt. Der Gesetzgeber hat in § 169 GVG in zulässiger Weise das Gerichtsverfahren näher ausgestaltet. Demnach ist der Öffentlichkeitsgrundsatz nur als Recht auf Öffentlichkeit am Ort der Verhandlung geschützt. Hingegen eröffnet § 169 GVG nicht das Recht auf Schaffung einer darüber hinausgehenden Informationsquelle für körperlich abwesende Personen an anderen Orten. § 169 S. 2 GVG ist daher mit dem GG vereinbar.

Ausnahmen zum Schutz bestimmter sensibler Rechtsgüter sind in §§ 170 ff. GVG geregelt und betreffen bspw. den Schutz der Familie oder der Privatsphäre.

7. Was versteht man unter dem Grundsatz der Unmittelbarkeit?

Dieser Grundsatz bringt zum Ausdruck, dass das gesamte Verfahren vor dem Gericht erfolgen muss, dass die spätere Entscheidung zu treffen hat. Die dem Rechtsstreit zu Grunde liegenden Tatsachen sollen unmittelbar bei der Urteilsfindung berücksichtigt werden. § 128 Abs. 1 und § 355 Abs. 1 ZPO enthalten hierzu Regelungen.

8. Was versteht man unter dem Beschleunigungsgrundsatz?

Die Funktionsfähigkeit der Rechtspflege soll durch eine Beschleunigung des Verfahrens gewährleistet werden. Rechtsfrieden wird nicht zu einem geringen Teil auch dadurch erreicht, dass die streitenden Parteien zu einer schnellen Entscheidung der Gerichte gelangen. Daher sollen Gerichte kurzfristig und unverzüglich einen Verhandlungstermin bestimmen, §§ 216, 272, 279 Abs. 1 ZPO.

Den Gerichten kommt innerhalb ihrer Prozessleitung nach § 139 ZPO eine Prozessförderungspflicht zu. Die Parteien sollen angehalten werden, ihre Angriffs- und Verteidigungsmittel frühzeitig vorzutragen. Verstöße gegen diese Pflicht können dazu führen, dass der Parteivortrag als verspätet zurückgewiesen wird und keine Berücksichtigung in der Entscheidung findet, vgl. § 296 ZPO.

Merke: Zwischen der Prozessförderungspflicht der Gerichte und ihrer neutralen Stellung im Verfahren kommt es zu einem Spannungsfeld.

▶ Literatur zu diesem Abschnitt

📖 Schnellenbach, **JA** 1995, 873 ff. (Grundlagenwissen)
📖 Coester-Waltjen, **Jura** 1998, 661 ff. (Grundlagenwissen)

III. Das Zivilverfahren – Ablauf und Überblick

1. Beschreiben Sie den Ablauf des Zivilverfahrens!

Der Ablauf des Verfahrens lässt sich in vier Abschnitte gliedern:

- Klageerhebung
- Vorbereitung des Haupttermins
- Haupttermin
- Urteil.

2. Welche Bedeutung hat die Einreichung der Klage?

Die Einreichung der Klage ist die Initiative einer Partei, ein zivilgerichtliches Verfahren in Gang zu setzen. Ausweislich des § 253 Abs. 5 ZPO ist eine schriftliche Klageerhebung erforderlich.

Merke: Aus Gründen des effektiven Rechtsschutzes ist nach § 496 ZPO im amtsgerichtlichen Verfahren auch die mündliche Klageerhebung zu Protokoll der Geschäftsstelle möglich.

§ 253 Abs. 2 und 3 ZPO regelt den Inhalt der Klageschrift. Hierzu gehören insbesondere die Parteibezeichnung und die Bestimmung des Streitgegenstandes.

Nach § 253 Abs. 4 ZPO in Verbindung mit § 130 Nr. 6 ZPO ist die Klage zu unterschreiben, um sie von bloßen Entwürfen abgrenzen zu können.

> **Merke**: Handelt es sich um einen Anwaltsprozess nach § 78 ZPO, muss die Unterschrift von einem Rechtsanwalt stammen.

> **Merke**: Sofern unzweifelhaft ist von wem eine Klage stammt, steht das Erfordernis der Unterschrift einer Übermittlung der Klage durch Fax oder Fernschreiben nicht entgegen. Es ist aber erforderlich, dass die Widergabe des Unterschriftenbildes auf dem Faxausdruck des Empfängers erkennbar ist.

Mit Eingang der Klage bei Gericht wird der Rechtsstreit **anhängig**.

3. Welche Bedeutung hat die Zustellung der Klage?

Nach Eingang bei Gericht wird die Klage zunächst von der Geschäftsstelle erfasst und entsprechend dem Geschäftsverteilungsplan an den zuständigen gesetzlichen Richter weitergeleitet.

Erst dann erfolgt die Zustellung der Klage an die beklagte Partei von Amts wegen, §§ 271 Abs. 1, 270 Abs. 1, 166 ff. ZPO. Mit dieser Zustellung ist die Klage erhoben.

> **Beachte**: Bedeutung für das Examen (und die Praxis) hat nach §§ 178 ff. ZPO die Möglichkeit einer Ersatzzustellung. Sie erfolgt dann, wenn der Adressat nicht angetroffen wird.

Die Zustellung begründet die **Rechtshängigkeit**, § 261 ZPO.

Merke: Die Rechtshängigkeit hat Auswirkungen auf das materielle Recht. Sie ist zum Beispiel relevant für:

- die Verjährung, § 204 Abs. 1 Nr. 1 BGB,
- für den Zeitpunkt des Verzugseintrittes, § 286 Abs. 1 BGB,
- für die Berechnung von Zinsen, § 291 BGB,
- für die Haftung bei Herausgabepflicht, § 292 BGB,
- für den Umfang des Bereicherungsanspruchs, § 818 Abs. 4 BGB,
- für das Erlöschen von Besitzansprüchen, § 864 Abs. 1 BGB,
- für die Herausgabepflicht von Nutzungen im EBV, § 987 Abs. 1 BGB,
- für den Ersatz von Schäden im EBV, § 989 Abs. 1 BGB.

Merke: Die Rechtshängigkeit hat auch prozessrechtliche Wirkungen:

- nach § 261 Abs. 3 Nr. 1 ZPO kann die Klage nicht nochmals bei einem anderen Gericht erhoben werden (Verbot der anderweitigen Rechtshängigkeit),
- nach § 261 Abs. 3 Nr. 2 ZPO bleibt das Gericht in Bezug auf den identischen Streitgegenstand auch dann zuständig, wenn sich nach Rechtshängigkeit zuständigkeitsbegründende Umstände ändern (**perpetuatio fori**).

4. Welche Bedeutung hat der Streitgegenstand?

Der Streitgegenstand ist innerhalb des Zivilprozesses der Grund der juristischen Auseinandersetzung. Aufgrund der Erhebung einer Klage, die den Anforderungen an § 253 Abs. 2 ZPO genügt, wird der Streitgegenstand festgelegt.

Nach herrschender Meinung wird dem **sog. zweigliedrigen Streitgegenstandsbegriff** gefolgt. Er setzt sich zusammen aus:

- dem Antrag aus der Klageschrift und
- dem zu Grunde liegenden Lebenssachverhalt.

5. Was geschieht im Hinblick auf die Vorbereitung des Termins?

Aufgrund des Beschleunigungsgebotes und der Prozessförderungspflicht ist es erforderlich, den im Streit stehenden Prozessstoff umfassend zu ermitteln. Hierdurch soll die Möglichkeit geschaffen werden, das Verfahren in einem einzigen Termin erledigen zu können.

§ 272 Abs. 2 ZPO eröffnet dem Richter ein Wahlrecht zwischen

- der Bestimmung eines frühen ersten Termins, §§ 272 Abs. 2 Alt. 1, 275 ZPO oder
- dem schriftlichen Vorverfahren, §§ 272 Abs. 2 Alt. 2, 276 ZPO.

In Abhängigkeit vom Sach- und Streitstand wird der Richter die in seinem Ermessen stehende Wahl treffen.

6. Was spricht für die Vorbereitung eines frühen ersten Termins?

Der Vorsitzende wird sich aus folgenden Aspekten zur Durchführung eines frühen ersten Termins entschließen:

- gerade eine mündliche Verhandlung bietet sich zur weiteren Sachverhaltsaufklärung an,
- es besteht Aussicht auf eine gütliche Beilegung des Rechtsstreites,
- wegen der einfachen Sach- und Rechtslage ist eine schnelle Entscheidung zu erwarten.

7. Was spricht für die Durchführung eines schriftlichen Verfahrens?

Ein schriftliches Vorverfahren empfiehlt sich, wenn der Verhandlungstermin einer ausführlichen Vorbereitung bedarf. Die Parteien werden aufgefordert, Erklärungen zum Rechtsstreit abzugeben. Im Hinblick auf die Verfahrensbeschleunigung gibt der Vorsitzende hierfür Fristen vor. Zu den Erklärungen zählen:

- Anzeige der Verteidigungsbereitschaft, § 276 Abs. 1, S. 1 ZPO,
- Klageerwiderung, § 276 Abs. 1, S. 2 ZPO.

Der Vorsitzende kann innerhalb des schriftlichen Vorverfahrens bereits viele Fragen klären und sich einen ersten Eindruck von den Ansichten der Parteien verschaffen.

8. Welchem Zweck dient die Hauptverhandlung?

Die Hauptverhandlung schließt sich (zum Teil unmittelbar) an die Vorbereitung des Termins an.

Innerhalb der Hauptverhandlung soll der Rechtsstreit zur Entscheidungsreife gelangen. Durch die mündliche Verhandlung wird der streitige und unstreitige Tatsachenstoff ermittelt und die Rechtsansichten zwischen den Parteien in allseitiger Anwesenheit ausgetauscht.

9. Wie läuft die Hauptverhandlung ab?

Die Hauptverhandlung durchläuft im Wesentlichen drei Stadien:

- Güteverhandlung, § 278 ZPO,
- Aufruf zur Sache und mündliche Verhandlung, §§ 220, 279 ZPO,
- Entscheidungsreife, § 300 ZPO.

10. Wozu dient die Güteverhandlung?

Das Gericht hat die Pflicht, in jeder Lage des Verfahrens eine gütliche Streitbeilegung der Parteien zu fördern. Dieser Grundsatz zur Förderung und Einigung der Parteien durch Vergleich unter Moderation durch das Gericht ist in § 278 ZPO gesetzlich normiert.

Merke: Für die Schaffung von Rechtsfrieden ist das Urteil mit dem Obsiegen der einen und dem Unterliegen der anderen Partei nicht immer die beste Wahl. Dies wird insbesondere in Nachbarschaftsstreitigkeiten deutlich.

Ausnahmen von dem Erfordernis der Güteverhandlung sind:

- ein außergerichtlicher Versuch ist bereits erfolglos verlaufen, § 278 Abs. 2, S. 1 Alt. 1 ZPO,
- die Güteverhandlung erscheint erkennbar aussichtslos, § 278 Abs. 2, S. 1 Alt. 2 ZPO.

11. Wozu dienen Aufruf zur Sache und mündliche Verhandlung?

Der Aufruf zur Sache nach § 220 Abs. 1 ZPO ist die Erklärung des Vorsitzenden, dass in die Verhandlung über die streitige Sache eingetreten wird. Er ist auch Hinweis zur Gewährung der Gerichtsöffentlichkeit (vgl. Öffentlichkeitsgrundsatz, § 169 GVG) und schließt sich an eine gescheiterte Güteverhandlung an.

Die mündliche Verhandlung beginnt damit, dass die Parteien gemäß § 137 Abs. 1 ZPO ihre Anträge stellen. Dies soll nach § 297 Abs. 1 ZPO durch Verlesung der Anträge aus den eingereichten Schriftsätzen erfolgen.

Innerhalb seiner Prozessführungspflicht hat der Vorsitzende nach §§ 136 Abs. 3, 139 Abs. 1 ZPO darauf hinzuwirken, dass die erheblichen Tatsachen vollständig erörtert werden.

Je nach Sachlage ist im Anschluss an die streitige Verhandlung eine Beweisaufnahme nach §§ 355 ff. ZPO durchzuführen. Auf Grundlage dieser Beweisaufnahme hat der Vorsitzende das Beweismittel im Hinblick auf den streitigen Vortrag umfassend zu würdigen und für seine Entscheidung zu berücksichtigen.

12. Wann liegt Entscheidungsreife vor?

Die mündliche Verhandlung wird durch den Vorsitzenden geschlossen, wenn die Sache entscheidungsreif im Sinne des § 300 Abs. 1 ZPO ist. Dies ist der Fall, wenn nach vollständiger Aufklärung des Sachverhaltes und Erschöpfung aller Beweismittel der Klage stattzugeben ist oder eine Klageabweisung zu erfolgen hat.

Eine Stattgabe erfolgt, wenn die Klage zulässig und begründet ist. Eine Abweisung erfolgt bei Unzulässigkeit (sog. Prozessurteil) oder Unbegründetheit (sog. Sachurteil) der Klage.

> **Merke**: Ein sog. Stuhlurteil liegt dann vor, wenn der Vorsitzende keinen gesonderten Entscheidungstermin anberaumt, sondern sofort (ohne den Stuhl zu verlassen) ein Urteil fällt.

13. Wie ist ein Urteil aufgebaut?

Das Urteil ist die gerichtliche Entscheidung über den Streitgegenstand. Seine besondere Form wird durch § 313 ZPO (lesen!) vorgegeben. Es setzt sich zusammen aus:

- **Rubrum (Urteilskopf),**
  => Bezeichnung der Parteien und ihrer Vertreter.

- **Tenor (Urteilsformel),**
  => Ausspruch der gerichtlichen Entscheidung über die Verurteilung, Kostenverteilung und Vollstreckbarkeit.

- **Tatbestand,**
  => verständliche und knappe Darstellung der erhobenen Ansprüche und der vorgebrachten Angriffs- und Verteidigungsmittel.

- **Entscheidungsgründe,**
  => Rechtliches Fundament für den Tenor.

- **Rechtsmittelbelehrung.**

▶ **Literatur zu diesem Abschnitt**

📖 Schreiber, **Jura** 2004, 385 ff. (Grundlagenwissen)
📖 Huber, **JuS** 2002, 593 ff. (Grundlagenwissen)
📖 Oberheim, **JA** 2002, 408 ff. (Grundlagenwissen)

Vgl. zum gesamten Komplex die nachfolgende Übersicht:

A.   Klageerhebung

  I. Einreichung einer Klageschrift bei Gericht
     => Folge: <u>Anhängigkeit</u> des Verfahrens

  II. Zustellung der Klage durch das Gericht
     => Folge: <u>Rechtshängigkeit</u> des Verfahrens

B.   Vorbereitung des Haupttermins

Möglichkeiten des Vorsitzenden nach § 272 Abs. 2 ZPO
=> früher erster Termin, § 275 ZPO
=> schriftliches Vorverfahren, § 276 ZPO

C.   Haupttermin

  I. vorgeschaltete Güteverhandlung, § 278 Abs. 2 ZPO

  II. Aufruf zur Sache und mündliche Verhandlung, § 220 ZPO

  III. Entscheidungsreife, § 300 ZPO

D.   Urteil

IV. Grundformen des Rechtsschutzes im Zivilprozess

1. Welche Grundformen des Rechtsschutzes kennt der Zivilprozess?

Der Kläger bestimmt durch die Angaben in seiner Klageschrift gemäß § 253 Abs. 2 ZPO den Umfang des streitigen Verfahrens (sog. Dispositionsmaxime).

Die ZPO stellt dem Kläger drei Grundformen des Rechtsschutzes zur Verfügung. Sie entsprechen den jeweiligen Besonderheiten des Rechtsschutzbegehrens des Klägers und sind die:

- Leistungsklage,
- Feststellungsklage,
- Gestaltungsklage.

2. Erklären Sie den Begriff der Leistungsklage!

Die Leistungsklage ist die mit Abstand am häufigsten anzutreffende Klageart. Sie ermöglicht dem Kläger die Durchsetzung seiner materiell-rechtlichen Ansprüche.

Gegenstand einer Leistungsklage kann jeder materiell-rechtliche Anspruch des Klägers gegenüber dem Beklagten sein. Ziel des Klägers ist es, die Verurteilung des Beklagten zur Erfüllung des behaupteten Anspruchs zu erreichen.

Merke: Der Umfang der Leistungsklage entspricht der Wertung des § 194 Abs. 1 BGB. Danach umfasst sie das Recht von einem anderen ein Handeln, Dulden oder Unterlassen zu verlangen.

Merke: Die häufigsten Erscheinungsformen der Leistungsklage sind auf Zahlung von Geld (z.B. § 433 Abs. 2 BGB) oder die Herausgabe von Sachen (z.B. § 985 BGB) gerichtet.

26

3. Erklären Sie den Begriff der Gestaltungsklage!

Der Gestaltungsklage liegt kein Anspruch zu Grunde. Sie ist darauf gerichtet, durch ein rechtsänderndes Urteil eine bisher nicht vorhandene Rechtsfolge zu schaffen, die mit der formellen Rechtskraft des Urteils unmittelbar eintritt.

Sie ist nur dann statthaft, wenn sie von Gesetzes wegen zugelassen ist, weil die Auflösung, Beendigung oder Veränderung eines bestehenden Rechtsverhältnisses durch eine gerichtliche Entscheidung erfolgen muss (sog. numerus clausus).

Merke: In folgenden Bereichen lassen sich Gestaltungsklagen finden:
- Familienrecht (z.B. Ehescheidung, § 1564 BGB),
- Gesellschaftsrecht (z.B. Auflösung einer Personenhandelsgesellschaft, §§ 131 Abs. 1 Nr. 4, 133, 161 Abs. 2 HGB),
- Zwangsvollstreckungsrecht, § 767 ZPO (Vollstreckungsgegenklage) oder § 771 ZPO (Drittwiderspruchsklage).

4. Erklären Sie den Begriff der Feststellungsklage!

Zur Feststellung, dass ein bestimmtes Rechtsverhältnis besteht oder nicht besteht, bietet das Gesetz dem Kläger die Feststellungsklage an, § 256 Abs. 1 ZPO.

Merke: Daraus folgt die Unterscheidung zwischen der negativen und der positiven Feststellungsklage.

Durch den Begriff des Rechtsverhältnisses bringt das Gesetz zum Ausdruck, dass der Anwendungsbereich der Feststellungsklage weiter ist als der einer Leistungsklage, wo es um die Durchsetzung von Ansprüchen geht.

Unter einem Rechtsverhältnis ist eine aus dem in der Klageschrift vorgetragenen Sachverhalt abgeleitete rechtliche Beziehung zwischen Personen untereinander oder zu einem Gegenstand zu verstehen. Diese Beziehungen können über bloß materiell-rechtliche Ansprüche hinausgehen.

Merke: Das Rechtsverhältnis muss gegenwärtig und konkret bezeichnet sein. Daneben muss der Kläger ein Feststellungsinteresse als konkrete Ausprägung des allgemeinen Rechtsschutzbedürfnisses haben, vgl. § 256 Abs. 1 ZPO.

▶ **Literatur zu diesem Abschnitt**

📖 Schreiber, **Jura** 2004, 385 ff. (Grundlagenwissen)

V. Die Zulässigkeit der Klage

1. Welche praktische Bedeutung hat die Zulässigkeitsprüfung einer Klage?

Die Zulässigkeitsprüfung einer Klage ist der Beginn der juristischen Auseinandersetzung mit dem vorgetragenen Streitgegenstand.

Zunächst prüft das Gericht, ob die vom Kläger erhobene Klage den gesetzlichen Voraussetzungen entspricht. Erst wenn diese Zulässigkeitsprüfung erfolgreich verlaufen ist, wird das Gericht in die Prüfung der materiellen Rechtslage einsteigen.

Merke: Die Unzulässigkeit der Klage führt zum Erlass eines sog. Prozessurteils. In einem solchen Fall wurde die Sachlage innerhalb der Begründetheit nicht geprüft. Somit ist die Zulässigkeit der Klage Voraussetzung dafür, dass ein Sachurteil überhaupt ergehen kann. Insoweit spricht man im Hinblick auf die Zulässigkeit der Klage auch von den Sachurteilsvoraussetzungen.

Nochmals soll darauf verwiesen werden, dass es verfahrensfehlerhaft ist, eine Klage als „jedenfalls unbegründet" abzuweisen ohne die Zulässigkeit zuvor positiv festgestellt zu haben.

Merke: Für die Klausurbearbeitung sollte sich daher immer vor Augen geführt werden, dass eine Klage nahezu immer zulässig sein wird. Andernfalls müsste nämlich zur materiellen Rechtslage (Begründetheitsprüfung) in einem Hilfsgutachten Stellung genommen werden.

2. Zwischen welchen Gruppen von Prüfungspunkten kann in der Zulässigkeitsprüfung unterschieden werden?

Innerhalb der Zulässigkeitsvoraussetzungen kann zwischen folgenden Gruppen unterschieden werden:

- **Gerichtsbezogene Voraussetzungen,**

    - Deutsche Gerichtsbarkeit, §§ 18 – 20 GVG
    - Eröffnung des Zivilrechtsweges, § 13 GVG
    - Zuständigkeit des angerufenen Gerichts
        - sachliche Zuständigkeit, § 1 ZPO, §§ 23, 71 GVG
        - örtliche Zuständigkeit, §§ 12 ff. ZPO

- **Parteibezogene Voraussetzungen,**

  - Parteifähigkeit, § 50 ZPO
  - Prozessfähigkeit, § 51 ZPO
  - Postulationsfähigkeit
  - Prozessführungsbefugnis.

- **Streitgegenstandsbezogene Voraussetzungen,**

  - keine anderweitige Rechtshängigkeit; § 261 Abs. 3 Nr. 1 ZPO
  - keine entgegenstehende Rechtskraft
  - Rechtsschutzbedürfnis
  - fehlgeschlagenes Schlichtungsverfahren, § 15a EGZPO.

- **ordnungsgemäße Klageerhebung, § 253 Abs. 2 ZPO.**

Merke: Innerhalb der Prüfung der Zulässigkeitsvoraussetzungen wird oft nicht eng genug mit dem zur Verfügung stehenden Sachverhalt gearbeitet. Vielmehr wird mangelnde Schwerpunktbildung demonstriert, indem einfach das komplette Schema abgeprüft wird.

Nutzen Sie schon aus Zeitgründen die Möglichkeit Akzente zu setzen und konzentrieren sich auf die Probleme des Falles. Die Erfahrung zeigt, dass innerhalb einer Zivilrechtsklausur Ausführführungen zur deutschen Gerichtsbarkeit meistens ebenso verfehlt sind, wie solche zur Eröffnung des Zivilrechtsweges. Typische Probleme finden sich hingegen im Hinblick auf die Gerichtszuständigkeit und die Partei- und Prozessfähigkeit der Parteien.

3. Welche Prüfungspunkte sind innerhalb der gerichtsbezogenen Prozessvoraussetzungen anzusprechen? Was besagen sie?

Wie oben bereits erörtert gehören zu den gerichtsbezogenen Voraussetzungen:

- Deutsche Gerichtsbarkeit, §§ 18 – 20 GVG
- Eröffnung des Zivilrechtsweges, § 13 GVG
- Zuständigkeit des angerufenen Gerichts

  - sachliche Zuständigkeit, § 1 ZPO
  - örtliche Zuständigkeit, §§ 12 ff. ZPO.

Die **deutsche Gerichtsbarkeit** erfasst grundsätzlich alle Personen, die sich auf deutschem Staatsgebiet aufhalten. Ausnahmen beziehen sich auf sog. Exterritoriale, vgl. §§ 18 ff. GVG.

Die **Eröffnung des Zivilrechtsweges** folgt aus § 13 GVG für alle bürgerlichen Rechtsstreitigkeiten. Maßgeblich ist, dass die wahre Natur des behaupteten Anspruchs dem Zivilrecht zuzuordnen ist, weil sich der Anspruch als Folge eines nach zivilrechtlichen Normen zu beurteilenden Sachverhalts darstellt.

> **Merke**: Die fehlende Zuständigkeit des Zivilgerichtes führt nicht zum Prozessverlust, sondern nach § 17a Abs. 2 GVG zur Verweisung von Amts wegen an das zuständige Gericht.

Im Hinblick auf die **Zuständigkeit des angerufenen Gerichts** ist zunächst zwischen der sachlichen und der örtlichen Zuständigkeit zu differenzieren.

Dabei geht es bei der **sachlichen Zuständigkeit** darum, ob innerhalb des Gerichtsaufbaus als erste Instanz zunächst das Amts- oder das Landgericht zuständig ist. Aufgrund der Verweisung in § 1 ZPO auf die Vorschriften des GVG finden hierbei die §§ 23, 71 GVG Anwendung.

> **Merke**: Zeigen Sie Verständnis im Umgang mit den Normen und zitieren § 1 ZPO als **Verweisungsnorm** in das GVG unbedingt mit.

Nach § 23 GVG folgt die Zuständigkeit der Amtsgerichte aus einem Streitwert bis einschließlich Euro 5.000,-- sowie aus den Fällen des § 23 Nr. 2 GVG oder in Familiensachen nach § 23a GVG (vgl. hierzu bereits oben).

Nach § 71 GVG sind in allen anderen Fällen die Landgerichte in erster Instanz zuständig. Dies sind Streitigkeiten, die einen Streitwert über Euro 5.000,-- erreichen sowie – unabhängig vom Streitwert – alle Klagen aus Amtshaftung (vgl. hierzu bereits oben).

> **Merke**: Achten Sie daher auf betragsmäßige Angaben im Sachverhalt. Sie können für die sachliche Zuständigkeit nach § 1 ZPO in Verbindung mit §§ 23, 71 GVG von Bedeutung sein.

Die **örtliche Zuständigkeit** ist für die Klärung der Frage von Relevanz, welches sachlich zuständige Gericht nunmehr aufgrund seiner räumlichen Beziehung zum streitigen Verfahren zur Entscheidung berufen ist, vgl. §§ 12 ff. ZPO.

Hierbei ist zwischen

- dem allgemeinen Gerichtsstand,
- dem besonderen Gerichtsstand,
- dem ausschließlichen Gerichtsstand zu unterscheiden.

Der **allgemeine Gerichtsstand** richtet sich bei natürlichen Personen nach dem Wohnsitz, § 13 ZPO. Bei juristischen Personen ist dies nach § 17 ZPO der Verwaltungssitz.

> **Merke:** § 12 ZPO verdeutlicht, dass sich der allgemeine Gerichtsstand nach dem Beklagten richtet. Durch die Nennung von Ortsnamen kann der Klausur-Ersteller Hinweise auf Zuständigkeitsprobleme geben.

Bei einem **besonderen Gerichtsstand** handelt es sich um einen Gerichtsstand, der nur für spezielle Klagen und die Geltendmachung bestimmter Ansprüche eröffnet ist. Hier ist der besondere Gerichtsstand des Erfüllungsortes, § 29 ZPO und der unerlaubten Handlung, § 32 ZPO von Bedeutung.

Ausschließliche Gerichtsstände sind ausdrücklich im Gesetz als solche genannt. Wichtig sind hierbei der ausschließlich dingliche Gerichtsstand nach § 24 ZPO und der ausschließliche Gerichtsstand bei Miet- oder Pachträumen, § 29a ZPO.

> **Merke:** § 29a ZPO bezieht sich auf alle Streitigkeiten über Miet- oder Pachträume. Anders als § 23 Nr. 2 lit. a) GVG beschränkt sich der Anwendungsbereich nicht auf Wohnraum. Es ist daher ein typischer Klausurfehler, zu glauben, dass § 29a ZPO auch stets zu § 23 Nr. 2 lit. a) GVG führen müsste. Folgen Sie daher der hier vorgeschlagenen Prüfungsreihenfolge und klären Sie erst die sachliche und dann die örtliche Zuständigkeit (nicht umgekehrt). Dann können Sie diesen überflüssigen Fehler sicher vermeiden.

Im Verhältnis der Gerichtsstände zueinander gilt:

- der ausschließliche Gerichtsstand geht allen anderen nicht ausschließlichen Gerichtsständen vor,
- unter mehreren allgemeinen und besonderen Gerichtsständen besteht für den Kläger nach § 35 ZPO ein Wahlrecht.

Merke: Durch eine sog. Gerichtsstandsvereinbarung kann die Zuständigkeit eines ansonsten unzuständigen Gerichts begründet werden, §§ 38, 40 ZPO. Dies gilt aber nicht bei den ausschließlichen Gerichtsständen, vgl. § 40 Abs. 2 S. 1 Nr. 2 ZPO (sog. Prorogationsverbot).

4. Welches sind die parteibezogenen Prozessvoraussetzungen?

Bereits ausgeführt wurde, dass zu den parteibezogenen Voraussetzungen die

- Parteifähigkeit, § 50 ZPO
- Prozessfähigkeit, § 51 ZPO
- Postulationsfähigkeit und
- Prozessführungsbefugnis gehört.

Bei der **Parteifähigkeit** handelt es sich um das prozessuale Gegenstück zur Rechtsfähigkeit. Sie umschreibt die Fähigkeit, im Prozess Kläger oder Beklagter sein zu können, § 50 ZPO.

Merke: Parteifähigkeit besteht demnach für

- alle natürlichen Personen, §§ 1, 21 BGB,
- alle juristischen Personen, § 13 GmbHG, § 1 AktG,
- Personenhandelsgesellschaften, § 124 Abs. 1 HGB (OHG) und §§ 161 Abs. 2, 124 Abs. 1 HGB (KG),
- BGB-Gesellschaften, § 705 BGB.

Die **Prozessfähigkeit** ist das prozessuale Gegenstück zur Geschäftsfähigkeit. Sie bezeichnet das Recht, einen Prozess selbst oder durch einen Vertreter führen zu können, § 51 ZPO.

Merke: Folgende Fälle sind innerhalb der Prozessfähigkeit von besonderer Klausurrelevanz:

- die Vertretung Minderjähriger erfolgt durch die gesetzlichen Vertreter, § 1629 BGB,
- Personenhandelsgesellschaften werden durch den/die Gesellschafter vertreten, §§ 125 Abs. 1, 161 Abs. 2 HGB,
- juristische Personen werden durch den GmbH-Geschäftsführer nach § 35 GmbHG oder durch den Vorstand der Aktiengesellschaft, § 78 Abs. 1 AktG vertreten.

Wenn im Sachverhalt Minderjährige oder Gesellschaften handeln, ist dies ein typischer Hinweis darauf, dass der Klausurersteller Ausführungen zu deren Partei- und Prozessfähigkeit hören möchte.

Die **Postulationsfähigkeit** beschreibt die Fähigkeit der Parteien, vor Gericht selbstständig auftreten und wirksame Prozesshandlungen vornehmen zu können. Von Bedeutung ist hierbei der sog. Anwaltsprozess nach § 78 Abs. 1 ZPO. Vor den Landgerichten, Oberlandesgerichten und dem BGH ist die Vertretung durch einen Anwalt zwingend vorgeschrieben.

Merke: Haben Sie also die Zuständigkeit eines solchen Gerichts (LG, OLG, BGH) festgestellt, denken Sie auch an § 78 Abs. 1 ZPO und nehmen Sie Ausführungen zur Postulationsfähigkeit vor!

Die **Prozessführungsbefugnis** bezeichnet die Befugnis im eigenen Namen ein behauptetes Recht geltend machen zu können.

Unproblematisch ist der Fall, in dem der Kläger ein <u>eigenes Recht im eigenen Namen</u> geltend macht.

Problematisch sind aber die Fälle, in denen der Kläger ein <u>fremdes Recht im eigenen Namen</u> geltend macht (sog. Prozessstandschaft). Hierbei wird zwischen der

- gesetzlichen Prozessstandschaft und der
- gewillkürten Prozessstandschaft unterschieden.

Die **gesetzliche Prozessstandschaft** findet sich z.B. in folgenden Fällen:

- Mitgläubigerschaft, § 432 Abs. 1 BGB,
- Prozessführungsrecht der Ehegatten, §§ 1368, 1369 Abs. 3 BGB,
- Veräußerung der streitbefangenen Sache, § 265 ZPO.

Die **gewillkürte Prozessstandschaft** bezeichnet das Recht zur Geltendmachung eines fremden Rechts im eigenen Namen aufgrund der Ermächtigung des Rechtsträgers. Hierfür müssen folgende Voraussetzungen vorliegen:

- Zustimmung oder Ermächtigung des Rechtsträgers, analog § 185 Abs. 1 BGB,
- eigenes rechtsschutzwürdiges Interesse des Prozessstandschafters,
- Abtretbarkeit des geltend gemachten Rechts sowie
- keine unzumutbare Benachteiligung des Prozessgegners.

Merke: Sprechen Sie daher in problematischen Fällen innerhalb der Zulässigkeitsprüfung einer Klage unter dem Punkt „Prozessführungsbefugnis" die Möglichkeit einer Prozessstandschaft unbedingt an, wenn ein fremdes Recht im eigenen Namen geltend gemacht wird.
Sofern Sie dann zwischen gesetzlicher und gewillkürter Prozessstandschaft unterscheiden und bei der gewillkürten Prozessstandschaft die dargestellten Voraussetzungen ansprechen, sind Sie auf der sicheren Seite.

5. Welches sind die streitgegenstandsbezogenen Prozessvoraussetzungen?

Die streitgegenstandsbezogenen Voraussetzungen wurden bereits als die folgenden Punkte identifiziert:

- keine anderweitige Rechtshängigkeit, § 261 Abs. 3 Nr. 1 ZPO
- keine entgegenstehende Rechtskraft,
- Rechtsschutzbedürfnis,
- fehlgeschlagenes Schlichtungsverfahren, § 15a EGZPO.

Das Verbot der **anderweitigen Rechtshängigkeit** dient dem Schutz vor sich widersprechenden Entscheidungen in Bezug auf denselben Streitgegenstand. Dieses Verbot ergibt sich unmittelbar aus § 261 Abs. 3 Nr. 1 ZPO. Daraus folgt, dass eine spätere mit demselben Streitgegenstand rechtshängig gewordene Klage von Amts wegen als unzulässig abzuweisen ist.

> **Merke**: Es gilt der bereits besprochene zweigliedrige Streitgegenstandsbegriff.

Das Verbot der **entgegenstehenden Rechtskraft** soll im Hinblick auf denselben Streitgegenstand gewährleisten, dass nicht beliebig oft in gleicher Sache geklagt wird, bis ein gewünschtes Urteil erreicht wird. Es dient der Schaffung von Rechtsfrieden durch die Herbeiführung einer abschließenden Entscheidung.

Es ist eine Selbstverständlichkeit, dass der Kläger ein berechtigtes Interesse an der klageweisen Durchsetzung seiner Ansprüche haben muss. Daher ist das **Rechtsschutzbedürfnis** ein allgemeines Prinzip, das nur dann ausnahmsweise fehlen wird, wenn dem Kläger ein einfacherer Weg zur Verfügung steht, um sein Ziel zu erreichen.

> **Merke**: Dieser Punkt wird in den meisten Fällen unproblematisch sein. Fassen Sie sich daher in diesem Bereich kurz, solange der Sachverhalt nicht einen deutlichen Hinweis auf Probleme in diesem Bereich gibt.

Durch § 15a EGZPO hat der Bundesgesetzgeber die Länder ermächtigt, die Durchführung eines **fehlgeschlagenen Schlichtungsverfahrens** vor einer anerkannten Gütestelle zur Zulässigkeitsvoraussetzung einer amtsgerichtlichen Klage zu erheben. Daher sind in einigen Bundesländern nur Klagen zulässig, denen eine Bescheinigung über den fehlgeschlagenen Schlichtungsversuch beigelegt wurde.

6. Welche Besonderheit ist im Hinblick auf die Feststellungsklage zu beachten?

Die Regelung in § 256 ZPO verdeutlicht, dass der Kläger mit seinem Tatsachenvortrag erkennen lassen muss, dass er die Feststellung des Bestehens oder Nichtbestehens eines **Rechtsverhältnisses** begehrt (siehe hierzu bereits oben).

Innerhalb der Zulässigkeitsprüfung einer Feststellungsklage ist daher das Vorliegen des Feststellungsinteresses anhand von § 256 ZPO als zusätzlicher Prüfungspunkt anzusprechen.

▶ **Literatur zu diesem Abschnitt**

📖 Schreiber, **Jura** 2004, 385 ff. (Grundlagenwissen)

VI. Möglichkeiten der Prozessführung

Nachfolgend werden die Möglichkeiten der Parteien erörtert, den Prozess zu führen. Diese sog. Prozessführungsmöglichkeiten leiten sich unmittelbar aus dem Grundsatz der Herrschaft der Parteien über das Verfahren ab.

> **Merke**: Die nachfolgenden Darstellungen konzentrieren sich auf die für die Klausuren wichtigsten Konstellationen.

1. Erklären Sie den Vorgang der Klagerücknahme!

Die Klagerücknahme nach § 269 ZPO ist das prozessuale Gegenstück zur Klageerhebung und ist Folge des Dispositionsgrundsatzes, also der Herrschaft der Parteien über das Verfahren.

Bei der Klagerücknahme sind folgende Schritte durchzuführen:

- Die Klagerücknahme erfolgt durch die Erklärung der Rücknahme nach § 269 Abs. 2 ZPO gegenüber dem Gericht.

- Sobald zur Hauptsache mündlich verhandelt wurde, bedarf es der Einwilligung des Beklagten nach § 269 Abs. 1 ZPO.

36

Die Klagerücknahme hat zur Wirkung, dass

- gemäß § 269 Abs. 3 S. 1 ZPO die Rechtshängigkeit der Klage rückwirkend beseitigt wird,

- gemäß § 269 Abs. 3 S. 2 ZPO der Kläger die Kosten des Rechtsstreits zu tragen hat,

- aufgrund des prozessualen Charakters der Kläger nur auf die klageweise Durchsetzung verzichtet, nicht hingegen auf den Anspruch selbst.

> **Merke**: Daher ist der Kläger nicht gehindert, seinen Anspruch zu einem späteren Zeitpunkt erneut vor Gericht zu bringen.

2. Was passiert bei einem Anerkenntnis?

Der Beklagte erklärt beim Anerkenntnis gegenüber dem Gericht, dass der vom Kläger behauptete Anspruch tatsächlich besteht. Ohne dass es einer streitigen Verhandlung bedarf, entscheidet das Gericht durch ein sog. **Anerkenntnisurteil** gemäß § 307 ZPO zu Gunsten des Klägers.

Der den Anspruch anerkennende Beklagte hat als unterlegene Partei nach § 91 ZPO die Kosten des Rechtsstreites zu tragen.

> **Merke**: Eine Ausnahme bildet der in § 93 ZPO geregelte Fall. Hat nämlich der Beklagte keinen Anlass zur Klage gegeben, so können die Kosten ausnahmsweise dem Kläger als eigentlich obsiegende Partei auferlegt werden.

3. Was passiert bei einem Verzicht?

Aus § 306 ZPO folgt die Möglichkeit des Klägers, auf den im anhängigen Prozess geltend gemachten Anspruch zu verzichten. Dies kommt dann in Betracht, wenn der Kläger erkennt, dass sein Anspruch nicht besteht. Das Gericht weist die Klage dann durch ein sog. **Verzichtsurteil** auf Antrag des Beklagten ab.

> **Merke**: Hier liegt der Unterschied zur Klagerücknahme. Bei ihr verzichtet der Kläger nur auf den Prozess und nicht auf den Anspruch. Der Kläger kann nach einem Verzicht keine neue Klage mit dem selben Streitgegenstand erheben.

Die Kosten des Rechtsstreits hat der Kläger nach § 91 ZPO als unterlegene Partei zu tragen.

4. Erklären Sie den Vorgang der Erledigterklärung!

Es gibt Situationen in denen die ursprüngliche Klage gegenstandslos wird.

Beispiel: Der Beklagte zahlt zwischenzeitlich die eingeklagte Kaufpreisforderung des Klägers nach § 433 Abs. 2 BGB. Hierdurch tritt nach § 362 BGB Erfüllung ein.

Würde der Kläger seine Klage weiterhin aufrechterhalten, käme es zu einer Abweisung seines Antrages durch das Gericht. Als unterlegene Partei hätte er dann nach § 91 ZPO die Kosten des Rechtsstreits zu tragen.

Zu einer für den Kläger günstigeren Kostenverteilung könnte jedoch die Abgabe einer Erledigterklärung führen. Sie ist dann eine erfolgsversprechende Möglichkeit, wenn eine ursprünglich zulässige und begründete Klage durch ein nach Rechtshängigkeit eintretendes Ereignis unzulässig oder unbegründet wird.

In Abhängigkeit von der Reaktion des Beklagten auf die Erledigterklärung des Klägers kommt es zu einer **übereinstimmenden Erledigterklärung** oder einer **einseitigen Erledigterklärung** des Klägers.

In § 91a ZPO hat die **übereinstimmende Erledigterklärung** der Parteien wenigstens teilweise eine gesetzliche Regelung gefunden. Es kommt zur Beendigung des Rechtsstreits und das Gericht entscheidet in Abhängigkeit von den ursprünglichen Erfolgsaussichten der Klage vor Eintritt des erledigenden Ereignisses über die Kosten durch Beschluss.

Die **einseitige Erledigterklärung** des Klägers sieht sich keiner gesetzlichen Grundlage gegenüber. Es kommt gerade nicht zur Beendigung des Rechtsstreits. Vielmehr handelt es sich um eine besondere Form der Klageänderung (siehe unten). Durch sie soll festgestellt werden, dass die ursprünglich zulässige und begründete Klage durch ein nach Rechtshängigkeit eintretendes Ereignis unzulässig oder unbegründet geworden ist. Die einseitige Erledigterklärung steht nur dem Kläger zu. Er allein kann über den Streitgegenstand disponieren.

5. Welche Voraussetzungen und Wirkungen hat die übereinstimmende Erledigterklärung?

Aus § 91a Abs. 1 ZPO folgt unmittelbar, dass die Parteien den Rechtsstreit für erledigt erklären müssen. Der Erledigterklärung des Klägers muss sich also der Beklagte angeschlossen haben.

Die übereinstimmende Erledigterklärung hat zur Folge, dass das Gericht nach § 91a Abs. 1 ZPO durch Beschluss über die Kosten des Verfahrens zu entscheiden hat. Maßgeblich bei dieser Kostenentscheidung ist eine summarische Prüfung der Erfolgsausschichten in der Hauptsache. Hierbei wird geklärt, welche Partei die Kosten zu zahlen gehabt hätte, wäre die übereinstimmende Erledigterklärung nicht abgegeben worden.

Aufgrund des Dispositionsgrundsatzes prüft das Gericht aber nicht, ob tatsächlich eine Erledigung eingetreten ist. Diese Entscheidung haben allein die Parteien zu treffen.

Merke: Wird in einem Klausursachverhalt ein Rechtsstreit zwischen zwei Parteien dargestellt, den diese übereinstimmend für erledigt erklärt haben und sodann gefragt, wer die Kosten des Verfahrens zu tragen hat, ist von Ihnen zu klären, ob die Klage ursprünglich (also bis zur Abgabe der Erledigterklärung) zulässig und begründet war.

Sie sehen, oftmals dienen die prozessualen Fragestellungen allein dazu, bekannte Probleme im unbekannten Gewand abzufragen.

Folgendes Schema kann Anwendung finden:

A. Liegt eine übereinstimmende Erledigterklärung vor, § 91a ZPO?

   I. Erledigterklärung der Klägers durch Schriftsatz oder zu Protokoll der Geschäftsstelle

   II. Anschlusserklärung des Beklagten

B. Folge

   => Das Gericht hat durch Beschluss anhand einer summarischen Prüfung über die Kosten nach § 91a Abs. 1 ZPO zu entscheiden. Dies erfolgt durch Prüfung der

   I. Zulässigkeit der geänderten Klage

      => Hier ist das bekannte Schema anzuwenden

   II. Begründetheit der geänderten Klage

      => Hier erfolgt eine Prüfung der materiellen Rechtslage

---

6. Welche Voraussetzungen und Wirkungen hat die einseitige Erledigterklärung?

Voraussetzung für die einseitige Erledigterklärung des Klägers ist zunächst, dass sich der Beklagte der Erledigterklärung nicht anschließt, weil er der Ansicht ist, dass die Klage von Anfang an unzulässig oder unbegründet war.

Wie bereits ausgeführt wurde, lassen sich innerhalb der ZPO keine Regelungen über diese Form der Erledigterklärung finden. Es ist aber darauf hinzuweisen, dass nach herrschender Meinung die einseitige Erledigterklärung nichts anderes ist, als eine Form

40

der Klageänderung. Sie ist daher allgemein als zivilprozessuales Institut anerkannt.

Ist der ursprüngliche Klageantrag nach Rechtshängigkeit gegenstandslos geworden, kann der Kläger seinen ursprünglichen Antrag durch die einseitige Erledigterklärung in einen Feststellungsantrag umstellen (Klageänderung). Dieser hat folgenden Inhalt:

- Die ursprünglich zulässige und begründete Klage ist
- durch ein Ereignis nach Rechtshängigkeit
- unzulässig und/oder unbegründet geworden.

Diese Umstellung in einen Feststellungsantrag ist prozessual betrachtet eine Beschränkung des ursprünglichen Antrags. Die Feststellungsklage ist gegenüber der ursprünglichen Leistungsklage ein *„weniger"*. Daher richtet sich die Klageänderung nach § 264 Nr. 2 ZPO und ist stets zulässig.

Weil nunmehr eine Feststellungsklage zu prüfen ist, bedarf es gemäß § 256 Abs. 1 ZPO des besonderen Feststellungsinteresses, das sich wie folgt begründen lässt:

- Würde der Kläger seine ursprüngliche Klage unverändert aufrechterhalten, würde er aufgrund des Eintritts der Erledigung mit seinem Antrag abgewiesen werden. Die Kosten des Verfahrens hätte er nach § 91 ZPO zu tragen.

- Auch durch einen Verzicht nach § 306 ZPO oder durch eine Klagerücknahme nach § 269 Abs. 1 ZPO könnte er die Kostenlast nicht vermeiden.

Merke: Das Feststellungsinteresse folgt aus dem Interesse des Klägers an einer für ihn günstigen Kostenentscheidung.

Folgendes Schema kann Anwendung finden:

A. Feststellung einer wirksamen Erledigungserklärung durch Auslegung

- Insbesondere abgrenzen zur Klagerücknahme, § 269 ZPO und Verzicht, § 306 ZPO

B. Zulässigkeit der Klageänderung nach § 264 Nr. 2 ZPO

C. Zulässigkeit der Feststellungsklage

Beachte: Besonderes Feststellungsinteresse als qualifiziertes Rechtsschutzbedürfnis, § 256 ZPO. Es folgt aus dem Interesse an einer günstigen Kostenentscheidung.

D. Begründetheit der Feststellungsklage wenn,

I. Zulässigkeit der Ausgangsklage bis zur Erledigterklärung

II. Begründetheit der Ausgangsklage bis zur Erledigterklärung

III. Eintritt eines erledigenden Ereignisses
   - nach Rechtshängigkeit
   - führt zur Unzulässigkeit oder Unbegründetheit der Ausgangsklage

Merke: Lange Zeit war zwischen Literatur und Rechtsprechung die Behandlung solcher Fälle umstritten, in denen die Erledigung vor Rechtshängigkeit eintritt. Durch die Neuregelung des § 269 Abs. 3 S. 3 ZPO hat der Gesetzgeber dieses Problem nunmehr gelöst.

---

7.   Wann tritt Erledigung ein, wenn das erledigende Ereignis ein Gestaltungsrecht ist?

Bei dieser Frage handelt es sich um einen beliebten **Klausurklassiker** den Sie unbedingt kennen sollten. Es geht um die Frage, wie den Besonderheiten von Gestaltungsrechten in Bezug auf die einseitige Erledigterklärung Rechnung zu tragen ist. Gestaltungsrechte sind **zweigliedrig** aufgebaut und bestehen aus Gestaltungslage und Gestaltungserklärung.

> **Bsp.**: Der Kläger fordert vom Beklagten Zahlung einer offenen Kaufpreisforderung nach § 433 Abs. 2 BGB. In der mündlichen Verhandlung erklärt der Beklagte nach §§ 387, 389 BGB die Aufrechnung mit einer tatsächlich bestehenden Forderung gegenüber dem Kläger.

Würde man in diesem Fall die Rückwirkungsfiktion des § 398 BGB streng anwenden und auf das bloße Bestehen der Gestaltungslage (im Beispiel Aufrechnungslage) abstellen, so wäre die Klage im Zeitpunkt der Gestaltungserklärung bereits nicht mehr begründet gewesen. Daher wäre auch die aufgrund der einseitigen Erledigterklärung in eine Feststellungsklage umgeänderte Klage als unbegründet abzuweisen. Die Folge wäre, dass der Kläger die Kostenlast als unterlegene Partei zu tragen hätte.

Anderes würde dann gelten, wenn der maßgebliche Zeitpunkt die Ausübung des Gestaltungsrechtes durch Abgabe der Gestaltungserklärung wäre. Dann wäre die Klage erst nach Rechtshängigkeit unbegründet geworden. Die Folge wäre die Begründetheit der in eine Feststellungsklage umgeänderten Klage mit dem Ergebnis, dass der Kläger der Kostenlast entginge.

Die **herrschende Meinung** entscheidet diesen Konflikt zu Gunsten der letztgenannten Ansicht. Hierfür sprechen folgende Gründe:

- Das Bestehen einer Aufrechnungs- bzw. Gestaltungslage allein führt nicht zum Erlöschen der Forderung, sondern erst die entsprechende Ausübung des Gestaltungsrechts durch Abgabe der Gestaltungserklärung.

- Gestaltungsrechte sind gerade zweigliedrig aufgebaut und bestehen aus Gestaltungslage und Gestaltungserklärung.

Somit ist erst die Gestaltungserklärung das erledigende Ereignis.

Merke: In der Klausur sprechen Sie dieses Problem unter dem Punkt „Begründetheit der Feststellungsklage" und dort „Eintritt des erledigenden Ereignisses nach Rechtshängigkeit" an (vgl. Schema oben).

Ein ähnliches Problem begegnet Ihnen im Hinblick auf die Vollstreckungsabwehrklage bei der Präklusionsvorschrift des § 767 Abs. 2 ZPO (vgl. dort). Halten Sie diese beiden Fälle aufgrund unterschiedlicher Wertungen grundlegend auseinander.

8. Welchem Zweck dient der Prozessvergleich? Erklären Sie Wesen, Voraussetzungen und Wirkung!

Der Prozessvergleich ist für die Parteien eine Möglichkeit, den Rechtsstreit einverständlich und gütlich beizulegen. Aus § 278 ZPO folgt, dass das Gericht hierauf in jeder Lage des Verfahrens hinwirken soll. Haben die Parteien einen Prozessvergleich abgeschlossen, stellt dieser nach § 794 Abs. 1 Nr. 1 ZPO einen vollstreckbaren Titel dar (hierzu unten).

Das **Wesen** des Prozessvergleichs ist durch seine **Doppelnatur** geprägt. Zum einen ist er eine Prozesshandlung, zum anderen ist er ein materielles Rechtsgeschäft zwischen den beteiligten Parteien.

Aufgrund der Doppelnatur müssen sowohl materiellrechtliche als auch prozessuale **Wirksamkeitsvoraussetzungen** berücksichtigt werden.

Materiellrechtlich gilt folgendes:

- Zustandekommen und Wirksamkeit richten sich nach den allgemeinen BGB-Normen, also insbesondere §§ 104 ff., 119 ff., 134, 138, 145 ff. BGB,

- die Voraussetzungen des § 779 BGB (lesen!) sind zu beachten, insbesondere das gegenseitige Nachgeben der Parteien.

Prozessual gilt folgendes:

- Abschluss vor einem deutschen Gericht, § 794 Abs. 1 Nr. 1 ZPO,
- der Vergleich muss sich wenigstens zum Teil auf das anhängige Verfahren beziehen,
- der Vergleich muss gemäß §§ 160 Abs. 3 Nr. 1, 162, 163 Abs. 1 ZPO ordnungsgemäß in das Protokoll aufgenommen, vorgelesen und genehmigt worden sein.

Der Prozessvergleich hat aufgrund der Doppelnatur wiederum prozessuale und materiellrechtliche **Wirkungen**:

- Der Rechtsstreit wird beendet,
- es entsteht ein vollstreckbarer Titel, § 794 Abs. 1 Nr. 1 ZPO,
- die Rechtslage wird aufgrund des rechtsgeschäftlichen Charakters entsprechend der Parteivereinbarungen neu geordnet.

Merke: Lassen Sie sich durch den Prozessvergleich nicht erschrecken. Im Ergebnis geht es allein darum, dass ein gewöhnliches Rechtsgeschäft (materiellrechtlicher Teil) wirksam vor einem Gericht (prozessualer Teil) abgeschlossen wurde. Wenn Sie beim Prozessvergleich an das Stichwort der **Doppelnatur** denken, sollten Ihnen die Wirksamkeitsvoraussetzungen und Wirkungen keine Probleme bereiten.

---

9. **Was versteht man unter einer Klageänderung? Welche Voraussetzungen sind bei ihr zu beachten?**

Unter der Klageänderung versteht man das Einwirken auf den Streitgegenstand. Aufgrund des zweigliedrigen Streitgegenstandsbegriffes liegt eine Klageänderung vor, wenn der Antrag und/oder der zu Grunde liegende Lebenssachverhalt verändert werden.

Regelungen über die Zulässigkeit einer Klageänderung finden sich in §§ 263, 264 ZPO.

Zulässig ist eine Klageänderung daher, wenn der Kläger sie wirksam erklärt und der Beklagte einwilligt, § 263 Alt. 1 ZPO bzw. das Gericht die Änderung für sachdienlich hält, § 263 Alt. 2 ZPO.

> **Merke**: Sachdienlichkeit ist anzunehmen, wenn die Klageänderung objektiv der Verfahrensökonomie dient, weil dadurch ein neuer Prozess vermieden wird.

Weitere Möglichkeiten einer Klageänderung folgen aus § 264 ZPO. Hierbei ist zu beachten, dass die Vorschrift des § 264 ZPO vom Wortlaut her „verunglückt" ist. Soweit die Überschrift lautet „keine Klageänderung" ist dies zwar in Bezug auf § 264 Nr. 1 ZPO (lesen!) zutreffend. Durch eine Ergänzung oder Berichtigung wird nämlich der Streitgegenstand nicht in einer nach dem zweigliedrigen Streitgegenstandsbegriff relevanten Weise beeinflusst.

Für § 264 Nr. 2 und Nr. 3 ZPO gilt dies aber gerade nicht. Vielmehr sind diese beiden Nummern als stets zulässige Klageänderungen zu behandeln und damit lex specialis gegenüber § 263 ZPO. Hieraus folgt, dass sie auch vorrangig zu prüfen sind.

> **Merke**: Es gilt auch hier der Grundsatz lex specialis vor lex generalis.

Vgl. zum gesamten Komplex der Klageänderung die nachfolgende Übersicht für den Klausuraufbau:

A. Liegt eine Klageänderung vor?

=> Nach dem zweigliedrigen Streitgegenstandsbegriff
liegt eine Klageänderung dann vor, wenn sich der
Antrag und/oder der zu Grunde liegende Lebenssachverhalt ändert.

B. Ist die Klageänderung zulässig?

I. § 264 Nr. 2 oder § 264 Nr. 3 ZPO

II. § 263 ZPO

Einwilligung des Beklagten oder Annahme der
Sachdienlichkeit durch das Gericht erforderlich.

C. Hat die geänderte Klage Aussicht auf Erfolg?

I. Zulässigkeit der geänderten Klage

=> Hier ist das bekannte Schema anzuwenden.

II. Begründetheit der geänderten Klage

=> Hier erfolgt eine Prüfung der materiellen
Rechtslage.

**10. Nennen Sie Prozesshandlungen, die der Verteidigung
des Beklagten dienen!**

Dem Beklagten stehen mehrere Möglichkeiten zur Verfügung, um
sich gegen den gegen ihn gerichtlich erhobenen Anspruch zur
Wehr zu setzen.

Zunächst kann er selbstverständlich die vom Kläger behaupteten Tatsachen **bestreiten**.

Der Beklagte kann darüber hinaus auch Tatsachen vortragen, die rechtshindernde (Anspruch entstanden?), rechtsvernichtende (Anspruch untergegangen?) oder rechtshemmende **Einreden** (Anspruch durchsetzbar?) darstellen.

Mit der **Widerklage** kann der Beklagte wiederum selbst einen eigenständigen Angriff gegen den Kläger starten.

Merke: Im Fall der Widerklage lautet die Parteibezeichnung wie folgt:

Kläger und Widerbeklagter
Beklagter und Widerkläger

Daraus wird deutlich, dass innerhalb eines einheitlichen Verfahrens die Parteien jeweils Kläger und Beklagter sein können.

11. Welche Rolle spielt die Widerklage? Schildern Sie Sinn und Zweck!

Mit der Erhebung der Widerklage löst sich der ursprüngliche Beklagte aus der Rolle des Verteidigers. Er startet durch die Widerklage nunmehr einen eigenständigen Angriff und wird von der reagierenden zur agierenden Partei. Grundlegende Voraussetzung für die Widerklage ist, dass bereits ein Prozessrechtsverhältnis zwischen den Parteien besteht. Die ZPO regelt die Widerklage nicht. In § 33 ZPO wird sie im 1. Buch unter dem Titel 2 bloß erwähnt.

Sinn und Zweck der Widerklage ist es, zusammenhängende Fragen in einem Rechtsstreit zu klären und eine Zersplitterung dieser zusammenhängenden Fragen in unterschiedlichen Prozessen zu vermeiden.

12. Welches sind die sog. Privilegien der Widerklage?

Die Widerklage bietet für die Parteien, insbesondere aber für den Widerkläger einige **Privilegien**:

- Sie begründet nach § 33 ZPO einen besonderen Gerichtsstand,
- es besteht die Möglichkeit der mündlichen Einlegung nach §§ 261 Abs. 2, 297 Abs. 1 ZPO,
- eine Erhebung ist nach § 533 Abs. 1 ZPO auch noch in der Berufungsinstanz möglich, so dass der Widerbeklagte eine Tatsacheninstanz verliert,
- der Widerkläger muss gemäß § 12 Abs. 2 Nr. 1 GKG keinen Prozesskostenvorschuss entrichten,
- aufgrund der sog. Degression des Gebührenanfalls kommt es zu einer relativen Reduzierung der Prozesskosten,
- die Widerklage ist ein eigener Angriff und kann daher nicht nach § 296 ZPO als verspätet zurückgewiesen werden.

13. Was bedeutet im Zusammenhang mit der Widerklage der Begriff der Konnexität?

In § 33 ZPO ist die Rede davon, dass Klage und Widerklage im Zusammenhang stehen müssen. Diese Formulierung ist aus § 273 BGB bereits bekannt, so dass – rechtlich und wirtschaftlich betrachtet – ein einheitlicher Lebenssachverhalt gegeben sein muss.

Heftig umstritten ist in Bezug auf die Widerklage die prozessuale Bedeutung der Konnexität, wenn der Zusammenhang fehlt und ein einheitlicher Lebenssachverhalt gerade nicht vorliegt.

Nach einer vorwiegend in der Rechtsprechung und in Teilen der Literatur vertretenen Ansicht begründet § 33 ZPO mit dem Erfordernis der Konnexität nicht nur einen besonderen Gerichtsstand, sondern darüber hinaus eine zusätzliche, besondere Prozessvoraussetzung für die Widerklage. Fehlt es mithin an der Konnexität, so kann nach dieser Auffassung eine Widerklage niemals zulässig erhoben werden.

Die wohl herrschende Meinung in der Literatur sieht dagegen in § 33 ZPO nur eine Regelung eines besonderen Gerichtsstandes für die Widerklage und begründet dies mit einer systematischen

Betrachtung. Hiernach ist die Regelung in § 33 ZPO unter dem Titel 2 „Gerichtsstand" verortet. Auch müsste, sofern die Konnexität eine besondere Zulässigkeitsvoraussetzung der Widerklage wäre, die Formulierung des Gesetzes in § 33 ZPO lauten „...kann eine Widerklage **nur** erhoben werden...".

Merke: Oftmals wird dieser Streit dahinstehen können. Besteht die Konnexität, so liegt auch die besondere Prozessvoraussetzung vor. Fehlt hingegen die Konnexität, so kann dieser Mangel nach § 295 ZPO geheilt werden, wenn der Widerbeklagte sich auf die Widerklage einlässt und den Mangel nicht rügt.

Folgendes Schema kann Anwendung finden:

A. Erfolgsaussichten der Ursprungsklage

   I. Zulässigkeit der Klage

   II. Begründetheit der Klage

B. Erfolgsaussichten der Widerklage

   I. **Zulässigkeit** der Widerklage

      1. Allgemeine Zulässigkeitsvoraussetzungen einer normalen Klage, insbesondere

         a. Zuständigkeit
           => örtlich nach §§ 12 ff. ZPO
           wenn (-) dann § 33 ZPO
           wenn § 33 ZPO (-) dann evtl. § 39 ZPO

         b. ordnungsgemäße Klageerhebung, beachte § 261 Abs. 2 ZPO

         c. keine andere Rechtshängigkeit, beachte § 261 Abs. 3 Nr. 1 ZPO

      2. Besondere Zulässigkeitsvoraussetzungen der Widerklage

         a. Rechtshängige Hauptklage bei Erhebung der Widerklage

b. Parteiidentität

c. Selbstständiger Streitgegenstand

d. Konnexität
beachte den obigen Meinungsstreit

II. **Begründetheit** der Widerklage
=> Prüfung der materiellen Rechtslage

▶ **Literatur zu diesem Abschnitt**

📖 Deckenbrock/Dötsch, **JA** 2003, 208 ff. (Grundlagenwissen)
📖 Bernreuther, **JuS** 1999, 784 ff. (zur Klageänderung)
📖 Brammsen/Leible, **JuS** 1997, 54 ff. (zur Klagerücknahme)
📖 Ebner, **JA** 1998, 784 ff. (zur Erledigung)
📖 Huber, **JuS** 2003, 698 ff. (zum Anerkenntnis)
📖 Eisenreich, **JuS** 1999, 797 ff. (zum Prozessvergleich)

VII. Die objektive Klagehäufung

1. Erklären Sie den Begriff der objektiven Klagehäufung!

Schon aus prozessökonomischen Gesichtspunkten muss es dem Kläger möglich sein, mehrere Ansprüche gegenüber dem Beklagten innerhalb eines Verfahrens geltend zu machen. Die objektive Klagehäufung dient daher einer konzentrierten und einheitlichen Verhandlung über bestehende Ansprüche zwischen den Parteien. Die rechtliche Grundlage hierfür findet sich in § 260 ZPO.

Merke: Kein Fall der objektiven Klagehäufung liegt vor, wenn der Kläger seinen Anspruch auf unterschiedliche Weise begründet.

Sofern der Kläger bereits in seiner Klageschrift an das Gericht mehrere Ansprüche eingeklagt hat, liegt eine **anfängliche Klagehäufung** vor.

Sofern der Kläger erst innerhalb des Prozessverlaufs weitere Ansprüche gegenüber dem Beklagten erhebt, liegt eine **nachträgliche Klagehäufung** vor.

Merke: Da durch die nachträgliche Klagehäufung ein neuer Streitgegenstand in den Prozess eingeführt wird, handelt es sich zugleich um einen Fall der Klageänderung nach § 263 ZPO.

Sprechen Sie daher die nachträgliche Klagehäufung in der Klausur sowohl in der Zulässigkeit der Klage neben den gewöhnlichen Punkten unter dem Stichwort „Zulässigkeit der Klageänderung" an, als auch zwischen Zulässigkeit und Begründetheit der Klage als Punkt „objektive Klagehäufung". Hierdurch bringen Sie die Verbindung mehrerer Streitgegenstände in einem Verfahren zum Ausdruck.

2. Welche Zulässigkeitsvoraussetzungen sind bei der objektiven Klagehäufung zu beachten?

Die Zulässigkeit der objektiven Klagehäufung folgt aus § 260 ZPO.

Hierbei gilt folgendes Schema:

Voraussetzungen:

A. Parteiidentität

B. Sachliche und örtliche Zuständigkeit des Prozess gerichts für alle Ansprüche

=> Hierbei ist insbesondere für die sachliche Zuständigkeit auf § 5 ZPO zu achten (Addition der Streitwerte führt evtl. zum Sprung in eine andere Instanz).

C. Dieselbe Prozessart für alle Ansprüche

=> Hierunter ist nur zu verstehen, dass verschiedene Ver fahrensarten einer objektiven Klagehäufung entgegen stehen (z. B. Verbindung von Familien- und Nichtfamilien sachen). Selbstverständlich kann der Kläger aber unter schiedliche Klagearten (z.B. Leistungsklage und Fest stellungsklage) gemeinsam einklagen.

D. Keine entgegenstehenden Verbindungsverbote

=> Solche ergeben sich z.B. aus §§ 610 Abs. 2, 640c ZPO.

Rechtsfolge:

Liegen die Voraussetzungen vor, kommt es zu einer Ermessensentscheidung des Gerichts, ob gemeinsam oder getrennt verhandelt wird.

Liegen die Voraussetzungen nicht vor, erfolgt zwingend eine getrennte Verhandlung, § 145 ZPO.

3. Welche Arten der objektiven Klagehäufung sind zu unterscheiden?

Für den Kläger bieten sich über die rein zeitlich betrachtete anfängliche bzw. nachträgliche Klagehäufung hinaus unterschiedliche Arten an, um seine Ansprüche geltend zu machen. Hierbei ist das Verhältnis der unterschiedlichen vom Kläger geltend gemachten Ansprüche zueinander maßgeblich. Es sind zu unterscheiden:

- Die kumulative Klagehäufung,
- die alternative Klagehäufung und
- die Eventualklagehäufung.

4. Erklären Sie die kumulative Klagehäufung!

Die kumulative Klagehäufung kann man als die Grundform aller Klagehäufungen verstehen. Sie ist gegeben, wenn der Kläger mehrere prozessuale Ansprüche nebeneinander geltend macht. Sie stellt die hauptsächliche Erscheinungsform der Klagehäufungen dar.

Für die anfängliche kumulative Klagehäufung gilt daher das folgende Schema:

A. Zulässigkeit der Anträge

    I. Zulässigkeit Antrag 1
    I. Zulässigkeit Antrag 2
    => Wegen § 5 ZPO kann es zu veränderten sachlichen Zuständigkeiten kommen.

    Beachte: Bei einer nachträglichen kumulativen Klagehäufung ist nach § 263 ZPO auf die Zulässigkeit der Klageänderung einzugehen.

B. Klagehäufung nach § 260 ZPO

    I. Parteiidentität
    II. Zuständigkeit des Prozessgerichts für alle Ansprüche
    III. Selbe Prozessart für alle Ansprüche
    IV. Keine gesetzlichen Verbindungsverbote

C. Begründetheit der Anträge

    I. Begründetheit Antrag 1
    II. Begründetheit Antrag 2

---

5.   Erklären Sie die alternative Klagehäufung!

Die alternative Klagehäufung ist ein Sonderfall. Bei ihr überlässt der Kläger dem Gericht die Entscheidung darüber, über welchen der geltend gemachten Ansprüche entschieden wird.

Sie ist grundsätzlich unzulässig. Die Alternativität steht dem Bestimmtheitserfordernis des Klageantrages nach § 253 Abs. 2 Nr. 2 ZPO entgegen (vgl. hierzu oben).

Nur in den Fällen der sog. Wahlschuld nach §§ 262 ff. BGB ist eine alternative Klagehäufung aus materiellem Recht zulässig. Dort steht gerade dem **Beklagten** das Wahlrecht zu.

6.   Erklären Sie die Eventualklagehäufung!

Innerhalb der Eventualklagehäufung sind zunächst die folgenden Erscheinungsformen voneinander abzugrenzen:

- die eigentliche Eventualklagehäufung,
- die uneigentliche Eventualklagehäufung.

Bei der **eigentlichen Eventualklagehäufung** begehrt der Kläger eine Entscheidung über den zweiten Antrag (sog. Hilfsantrag) nur für den Fall, dass der erste Antrag (sog. Hauptantrag) erfolglos geblieben ist.

> **Beispiel**: Wenn ich schon nicht das eine bekomme, will ich wenigstens das andere haben.

Bei der **uneigentlichen Eventualklagehäufung** geht der Kläger stufenweise vor. Er beantragt eine Entscheidung über den Hilfsantrag für den Fall, dass er mit dem Hauptantrag Erfolg hat.

> **Beispiel**: Wenn ich das eine bekomme, dann will ich auch noch das andere haben.

Problematisch ist an der Eventualklagehäufung, dass die Entscheidung über den Hilfsantrag unter der Bedingung steht, dass über den Hauptantrag eine abweisende (dann eigentlicher Hilfsantrag) oder stattgebende (dann uneigentlicher Hilfsantrag) Entscheidung getroffen wird. Diese Bedingung könnte dem Grundsatz entgegenstehen, dass Prozesshandlungen bedingungsfeindlich sind.

Es ist aber zu beachten, dass es sich hierbei um eine sog. **innerprozessuale Bedingung** handelt, bei der das Gericht selbst den Bedingungseintritt herbeiführt. Somit kommt es zu keiner Rechtsunsicherheit, die durch die Bedingungsfeindlichkeit abgewehrt werden soll.

> **Merke**: Innerprozessuale Bedingungen und damit auch die Eventualklagehäufung sind zulässig.

Es gilt das folgende Prüfungsschema:

A. Erfolgsaussichten des Hauptantrages

   I. Zulässigkeit des Hauptantrages
   II. Begründetheit des Hauptantrages

B. Eintritt der innerprozessualen Bedingung
   => regelmäßig Erfolglosigkeit des Hauptantrages

C. Erfolgsaussichten des Hilfsantrages

   I. Zulässigkeit des Hilfsantrages
   II. Klagehäufung nach § 260 ZPO

      1. Parteiidentität
      2. Zuständigkeit des Prozessgerichts für alle Ansprüche
      3. Selbe Prozessart für alle Ansprüche
      4. Keine gesetzlichen Verbindungsverbote

   III. Begründetheit des Hilfsantrages

VIII. Die Parteien im Prozess

1. Welcher Parteibegriff gilt im Zivilprozess?

Im Zivilprozess ist allein die Bezeichnung der Beteiligten in der Klageschrift für ihre verfahrensrechtliche Stellung maßgeblich. Somit gilt ein **formaler Parteibegriff**. Unklarheiten in Bezug auf die Parteien sind durch objektive Auslegung analog §§ 133, 157 BGB vorzunehmen.

Kläger ist derjenige, der die Klage bei Gericht eingereicht hat. Beklagter ist hingegen derjenige, gegenüber dem ein Anspruch erhoben wird.

Der Regelfall ist, dass sich jeweils ein Kläger und ein Beklagter gegenüberstehen. Das Hinzutreten weiterer Personen kann zur

- Streitgenossenschaft,
- Nebenintervention oder
- Streitverkündung führen.

2. Was bedeutet Streitgenossenschaft?

Die Streitgenossenschaft ist in den §§ 59 – 63 ZPO geregelt. Von ihr ist die Rede, wenn auf Kläger- und/oder Beklagtenseite mehrere Parteien auftreten. Ausweislich des Gesetzestextes in § 62 ZPO wird zwischen der einfachen und der notwendigen Streitgenossenschaft unterschieden.

Eine **einfache Streitgenossenschaft** kommt nach §§ 59, 60 ZPO in Frage,

- wenn hinsichtlich des in Streit stehenden materiellen Rechts eine Rechtsgemeinschaft vorliegt, § 59 Alt. 1 ZPO. Dies ist beispielsweise der Fall, wenn

  o Gesamtschuldnerschaft nach § 421 BGB,
  o Gesamtgläubigerschaft nach § 432 BGB,
  o Gesamthandsgemeinschaft nach § 705 BGB oder
  o Bruchteilsgemeinschaft nach § 741 BGB besteht.

- wenn die Berechtigung oder Verpflichtung auf demselben rechtlichen und tatsächlichen Grund beruht, § 59 Alt. 2 ZPO. Dies ist der Fall, wenn z.b. aus einer einzigen deliktischen Handlung mehrere Gläubiger Ansprüche herleiten.

- wenn gleichartige Ansprüche oder Verpflichtungen vorliegen, die auf einem im Wesentlichen gleichartigen Grund (tatsächlich oder rechtlich) beruhen, § 60 ZPO.

Da mehrere Ansprüche gleichzeitig geltend gemacht werden, stellt die einfache Streitgenossenschaft zugleich auch einen Fall einer objektiven Klagehäufung dar. Daher ist stets an die Verbindungsvoraussetzungen der objektiven Klagehäufung nach § 260 ZPO zu denken. Liegen diese Voraussetzungen vor, so erfolgt eine gemeinsame Verhandlung über die Ansprüche. Andernfalls erfolgt nach § 145 Abs. 1 ZPO eine Prozesstrennung.

Merke: Die äußere Verbindung in einem Prozess erfolgt nur aus Gründen der Prozessökonomie. Ansonsten bleiben die Prozesse selbstständig und können sich unterschiedlich entwickeln, § 61 ZPO.
Für die Klausur ergibt sich daher, dass Zulässigkeit und Begründetheit für alle Streitgenossen individuell geprüft werden muss.

Eine **notwendige Streitgenossenschaft** ist gegeben, wenn das Erfordernis besteht, gegenüber allen Streitgenossen zu einer einheitlichen Entscheidung zu kommen.

Nach § 62 Abs. 1 ZPO existieren zwei Formen der notwendigen Streitgenossenschaft:

- Die aus prozessrechtlichen Gründen notwendige Streitgenossenschaft nach § 62 Abs. 1 Alt. 1 ZPO.

- Die aus materiellrechtlichen Gründen notwendige Streitgenossenschaft nach § 62 Abs. 1 Alt. 2 ZPO.

Eine **prozessual notwendige** Streitgenossenschaft setzt voraus, dass das streitgegenständliche Rechtsverhältnis „nur einheitlich festgestellt werden kann". Von ihr kann nur in den Fällen einer sog. Rechtskrafterstreckung gesprochen werden. Denn wenn schon in nacheinander geführten Prozessen eine unterschiedliche Entscheidung unzulässig ist, muss dies erst recht gelten, wenn die Prozesse zeitgleich verbunden geführt und entschieden werden.

Eine **materiellrechtlich notwendige** Streitgenossenschaft liegt vor, wenn mehrere Berechtigte oder Verpflichtete nach den Vorschriften des bürgerlichen Rechts nur gemeinschaftlich Klage erheben oder verklagt werden können.

Merke: Auch bei der notwendigen Streitgenossenschaft bleiben die Prozesse grundsätzlich selbstständig, § 61 ZPO. Durch § 62 ZPO wird dieser Grundsatz aber eingeschränkt. Durch die Vertretung des nicht anwesenden Streitgenossen durch den anwesenden Streitgenossen soll sichergestellt werden, dass eine einheitliche Entscheidung getroffen werden kann und der Erlass eines Versäumnisurteils gegenüber dem abwesenden Streitgenossen vermieden wird.

Auch bei der notwendigen Streitgenossenschaft liegt ein Fall der objektiven Klagehäufung nach § 260 ZPO vor. Bei mehreren Personen sind auch mehrere prozessuale Ansprüche gegeben.

3.   Erklären Sie den Begriff der Nebenintervention!

Nach § 66 ZPO ist die Nebenintervention die Beteiligung eines Dritten an einem bereits anhängigen Rechtsstreit, um eine Partei zu unterstützen (daher wird der Nebenintervenient auch Streithelfer genannt). Der Nebenintervenient kann Einfluss auf den Prozess nehmen, weil er von dessen Ausgang selbst betroffen ist und ein Sieg der unterstützten Partei seine Rechtsstellung verbessern, ein Unterliegen hingegen seine Rechtsstellung verschlechtern würde.

Bsp. A verklagt B, weil dieser ihm angeblich ein mangelhaftes KFZ verkauft haben soll. B seinerseits hatte das KFZ vom Lieferanten C gekauft. C befürchtet nun, dass er von B in Regress genommen wird, falls A den Prozess gewinnt und tritt als Nebenintervenient (Streithelfer) auf Seiten des B in den Rechtsstreit ein.

4. Welche Stellung hat der Nebenintervenient im Verfahren?

Der Nebenintervenient ist weder Partei des Verfahrens noch deren Vertreter. Ausweislich des Wortlauts in § 66 ZPO ist er bloß zur Unterstützung tätig. Daraus folgt unmittelbar, dass er auch nicht über den Streitgegenstand verfügen darf. Er darf also nicht

- eine Klageänderung vornehmen,
- ein Anerkenntnis abgeben,
- eine Klagerücknahme erklären oder
- einen Prozessvergleich schließen.

Der Nebenintervenient ist jedoch gemäß § 67 ZPO berechtigt, Angriffs- und Verteidigungsmittel geltend zu machen und alle Prozesshandlungen wirksam vorzunehmen, soweit nicht seine Erklärungen und Handlungen im Widerspruch zur unterstützten Hauptpartei stehen, § 67 Hs. 2 ZPO.

5. Was versteht man unter der Interventionswirkung?

Die Interventionswirkung ist in § 68 Hs. 1 ZPO geregelt und die wichtigste Folge der Nebenintervention.

Aufgrund der Interventionswirkung wird der Nebenintervenient an die Ergebnisse des Prozesses auch in einem Folgeprozess gebunden. Führt er also einen Folgeprozess gegen die ursprünglich unterstützte Partei, so wird er mit der Behauptung, dass der Rechtsstreit unrichtig entschieden sei, <u>nicht</u> gehört.

Merke: Die Bindungswirkung der Interventionswirkung ist bedeutend weiter als die der materiellen Rechtskraft (siehe hierzu unten). Letztere ist auf den auslegungsfähigen Tenor des Urteils beschränkt, während die Interventionswirkung sämtliche tragenden (tatsächlichen und rechtlichen) Feststellungen umfasst.

60

6. Was bedeutet Streitverkündung?

Unter der Streitverkündung ist die förmliche Benachrichtigung eines Dritten (Streitverkündungsempfänger) von einem anhängigen Rechtsstreit durch eine Partei (Streitverkünder) mit dem Ziel zu verstehen,

- dem Dritten die Möglichkeit zu geben, als Streithelfer beizutreten und
- die Interventionswirkung nach §§ 74, 68 ZPO in einem Folgeprozess herbeizuführen.

Sie kommt nach § 72 ZPO in Betracht, wenn die den Streit verkündende Partei glaubt, im Fall des Unterliegens Regressansprüche gegen den Dritten zu haben bzw. von dem Dritten in Regress genommen werden zu können.

Der Dritte kann auf zweierlei Weise auf die Streitverkündung reagieren:

- Er kann beitreten und erlangt dadurch die Stellung des Nebenintervenienten. Die Interventionswirkung wird ausgelöst, vgl. § 74 Abs. 1 ZPO.

- Er kann dem Rechtsstreit nicht beitreten, so dass dieser nach § 74 Abs. 2 ZPO ohne ihn fortgesetzt wird. Durch den Nichtbeitritt entgeht er jedoch nicht der Interventionswirkung, §§ 74 Abs. 3, 68 ZPO.

Merke: Der Streitverkündungsempfänger kann im Fall einer wirksamen Streitverkündung der Interventionswirkung nicht entkommen.

Merke: Der Unterschied zwischen Streitverkündung und Nebenintervention liegt darin, dass bei der Nebenintervention die Initiative vom Dritten ausgeht, wohingegen bei der Streitverkündung die Benachrichtigung des Dritten durch die bereits am Verfahren beteiligte Partei erfolgt.

IX. Bedeutung der Rechtskraft und ihre Durchbrechung

1. Welche Bedeutung hat das Institut der Rechtskraft?

Das Institut der Rechtskraft dient dem Rechtsfrieden. Es gewährleistet die Verbindlichkeit des Urteils und führt dazu, dass jedes Verfahren einmal seinen Abschluss findet.

Ohne die Rechtskraft eines Urteils wäre das gerichtliche Verfahren für die Partei sinnlos. Dann könnte nämlich jedes Verfahren so oft wiederholt werden, bis die Parteien eine für sie günstige Entscheidung erhalten.

> **Merke**: Aus diesem Grund prüfen Sie zumindest gedanklich innerhalb der Zulässigkeit einer Klage das Verbot der entgegenstehenden Rechtskraft.

2. Welche zwei Arten der Rechtskraft sind zu unterscheiden?

Im Hinblick auf das Institut der Rechtskraft ist zwischen der formellen Rechtskraft und der materiellen Rechtskraft zu unterscheiden. Diese beiden Formen sind jedoch nicht isoliert voneinander zu betrachten, sondern begründen gegenseitige Abhängigkeiten.

3. Was bedeutet die formelle Rechtskraft?

Die formelle Rechtskraft nach § 705 ZPO bezeichnet die Unanfechtbarkeit einer rechtskräftigen Entscheidung mit Rechtsmitteln vor einem Gericht des höheren Rechtszuges oder durch Einlegung eines Einspruchs im Versäumnisverfahren, § 19 EGZPO.

Sie tritt in den folgenden Fällen ein und führt zur Beendigung des Prozesses:

- Verkündung von Urteilen gegen die kein Rechtsmittel mehr stattfindet (vgl. Entscheidungen in letzter Instanz),
- nach Fristablauf zur Einlegung eines Rechtsmittels, Einspruchs oder der Rüge nach § 321a ZPO,
- gegenseitiger Verzicht auf die Einlegung von Rechtsmitteln, §§ 515, 565 ZPO,
- bei Verzicht einer Partei auf Einspruchseinlegung, § 346 ZPO.

4. Was bedeutet die materielle Rechtskraft?

Unter der materiellen Rechtskraft nach § 322 ZPO ist die Bindungswirkung des Urteils zu verstehen, also die Wirkung, dass die von dem Gericht getroffene Entscheidung für die Parteien maßgeblich und verbindlich ist. Die materielle Rechtskraft baut auf der formellen Rechtskraft auf.

Daraus folgt, dass

- die Rechtskraft des Urteils einem erneuten Prozess in Bezug auf denselben Streitgegenstand entgegensteht (Verbot der entgegenstehenden Rechtskraft) und
- in einem späteren Prozess die durch das Gericht rechtskräftig festgestellte Rechtsfolge bindend ist, soweit diese für den späteren Prozess vorgreiflich ist.

Beispiel Liegt bereits ein Feststellungsurteil vor, durch das der Schädiger S dem Grunde nach verurteilt wurde, gegenüber dem Geschädigten G alle durch eine bestimmte deliktische Handlung verursachten Schäden zu ersetzen, so ist das Gericht in einem Folgeprozess, in dem es um die Schadenshöhe geht, an die Feststellung der Ersatzpflicht von S gegenüber G gebunden. Es wird gerade nicht erneut geprüft, ob die Voraussetzungen für einen Ersatzanspruch auch tatsächlich bestehen (sog. **Präjudizialität**).

5. In wie weit ist der Umfang der Rechtskraft beschränkt?

Der Umfang der Rechtskraft ist in drei Richtungen beschränkt. Es gibt eine objektive, eine subjektive und eine zeitliche Grenze:

- Aus § 322 Abs. 1 ZPO ergibt sich, dass nur der Tenor nach § 313 Abs. 1 Nr. 4 ZPO in materielle Rechtskraft erwächst (**objektive Grenze**).

- Aus § 325 Abs. 1 ZPO folgt der Grundsatz, dass Urteile nur innerhalb der am Verfahren beteiligten Parteien, also inter partes, Wirkung entfalten (**subjektive Grenze**).

- Die Rechtskraft des Urteils erstreckt sich nur auf solche Tatsachen, die bis zum Abschluss der mündlichen Verhandlung vorgelegen haben (**zeitliche Grenze**). Auf ihnen beruht schließlich die gerichtliche Entscheidung. Spätere Einwendungen können im Hinblick auf eine mögliche Zwangsvollstreckung über die Vollstreckungsabwehrklage nach § 767 ZPO geltend gemacht werden und die Vollstreckbarkeit des Urteils (oder jedes anderen Titels) beseitigen.

6. Kann die bestehende Rechtskraft durchbrochen werden?

Es entspricht gerade dem Wesen und der Funktion der Rechtskraft, dass sie nicht durchbrochen werden darf. Andernfalls könnte die angestrebte Rechtssicherheit gerade nicht erreicht werden.

Allerdings bedarf es auch aus Gründen der Rechtsstaatlichkeit hiervon einiger Ausnahmen. Diese sind vor dem Hintergrund der elementaren Bedeutung der Rechtskraft jedoch restriktiv anzuwenden:

- Bei **schwersten Verfahrensfehlern** kann eine Wiederaufnahme des Verfahrens stattfinden, §§ 578 ff. ZPO. Über die Nichtigkeitsklage nach § 579 ZPO bzw. die Restitutionsklage nach § 580 ZPO kann aufgrund der zeitlichen Regelung in § 586 Abs. 2 Nr. 2 S. 2 ZPO das Verfahren bis zu fünf Jahre nach Eintritt der formellen Rechtskraft neu aufgerollt werden.

- Aufgrund einer **sittenwidrigen Urteilserschleichung** oder Urteilsausnutzung kann nach § 826 BGB zwar nicht das Urteil selbst beseitigt werden, wohl aber die Vollstreckbarkeit aus diesem Urteil verhindert oder Schadensersatz nach erfolgter Vollstreckung verlangt werden.

- Als letzte Möglichkeit zur Durchbrechung der Rechtskraft existiert innerhalb ihrer engen Zulässigkeitsvoraussetzungen die Möglichkeit, eine **Verfassungsbeschwerde** nach Art. 91 Abs. 1 Nr. 4a GG zu erheben.

▶ **Literatur zu diesem Abschnitt**

📖 Lüke, **JuS** 1996, 392 ff. (zur Rechtskraft)
📖 Klados, **JuS** 1997, 705 ff. (zur Durchbrechung der Rechtskraft)

X. Sonderfall: Das Säumnisverfahren

---

1.   Erläutern Sie den Sinn und Zweck des Säumnisverfahrens!

Das Säumnisverfahren nach §§ 330 ff. ZPO trägt dem Umstand Rechnung, dass es nicht im Belieben einer der Parteien stehen darf, über die Verfahrenstermine zu disponieren und den zeitlichen Ablauf des Verfahrens zu beeinflussen. Vielmehr ist der Rechtsstreit auch dann zu entscheiden, wenn sich eine Partei der Mitwirkung am Verfahren vollständig verweigert.

Gemäß §§ 330 und 331 ZPO erfolgt im Hinblick auf die Voraussetzungen zum Erlass eines Versäumnisurteils eine Trennung zwischen Versäumnisurteilen gegen den Kläger, § 330 ZPO und Versäumnisurteilen gegen den Beklagten, § 331 ZPO. Allen Versäumnisurteilen ist gemeinsam, dass sie **echte Sachurteile** sind und **volle Rechtskraftwirkung** entfalten. Sie werden jedoch nach § 313b Abs. 1 S. 2 ZPO ausdrücklich als Versäumnisurteile bezeichnet.

Merke: Die große Mehrheit aller Versäumnisverfahren richtet sich nach § 331 ZPO und betrifft folglich den Fall, dass der Beklagte säumig ist.

Dies entspricht schon der Logik. Der einen Anspruch begehrende Kläger hat schließlich ein originäres Interesse an dem Verfahren und wird daher nur selten säumig sein. Die nachfolgenden Ausführungen beschränken sich daher auf das Versäumnisurteil gegen den Beklagten.

Das Säumnisverfahren nach §§ 330 ff. ZPO ist in folgende Abschnitte zu untergliedern:

- Erlass des Versäumnisurteils,
- Einspruchsverfahren,
- evtl. Erlass eines zweiten Versäumnisurteils, sofern Säumnis im Einspruchstermin vorliegt.

2. Unter welchen Voraussetzungen ergeht ein Versäumnisurteil gegen den Beklagten?

Bereits ausgeführt wurde, dass das Versäumnisurteil ein echtes Sachurteil ist. Somit sind im Hinblick auf die Voraussetzungen zum Erlass eines solchen Versäumnisurteils zunächst die bekannten Zulässigkeitsvoraussetzungen zu überprüfen (siehe oben).

Merke: Wird die Klage bereits wegen Unzulässigkeit abgewiesen, ergeht ein normales Prozessurteil (sog. unechtes Versäumnisurteil).

Für den Erlass eines echten Versäumnisurteils müssen die in den §§ 330 ff. ZPO geregelten besonderen Voraussetzungen hinzutreten. Ein echtes Versäumnisurteil liegt nur dann vor, wenn das Urteil aufgrund der Säumnis gegen die säumige Partei ergeht.

Merke: Lassen Sie sich nicht durch die Formulierung unechtes und echtes Versäumnisurteil verunsichern.
Ein unechtes Versäumnisurteil liegt vor, wenn die Klage bereits unzulässig ist und durch Prozessurteil abgewiesen wird.
Ein echtes Versäumnisurteil richtet sich gegen die säumige Partei und ergeht aufgrund der Säumnis.

Zu den **besonderen Voraussetzungen** zum Erlass eines Versäumnisurteils zählen:

a) Antrag des Klägers auf Erlass eines Versäumnisurteils nach § 331 Abs. 1 S. 1 ZPO,
=> Beachte hierzu Frage 3

b) Säumnis des Beklagten,
=> Beachte hierzu Frage 4

c) keine Erlasshindernisse nach §§ 335, 337 ZPO,

d) keine gesetzlichen Erlassverbote nach §§ 612 Abs. 4, 640 Abs. 1 ZPO.

Schließlich muss die Klage schlüssig sein, also das mündliche Vorbringen des Klägers den Klageantrag rechtfertigen, § 331 Abs. 2 ZPO. Ergibt die Subsumtion, dass der Anspruch besteht, so ist Schlüssigkeit gegeben und es folgt der Erlass eines echten Versäumnisurteils. Bei fehlender Schlüssigkeit erfolgt eine Klageabweisung nach § 331 Abs. 2 Hs. 2 ZPO. Eine solche wird wiederum als unechtes Versäumnisurteil bezeichnet, da es nicht aufgrund der Säumnis, sondern aufgrund fehlender Schlüssigkeit ergeht.

Merke: Vermeiden Sie bei der Prüfung eines Versäumnisurteils unbedingt den Begriff der „Begründetheit". Beim Versäumnisurteil spricht man von „**Schlüssigkeit**". Dies ist ein immer wieder anzutreffender, jedoch leicht vermeidbarer Fehler in der Klausurpraxis.

Eine Begründetheitsprüfung kann aufgrund der Säumnis einer Partei gerade nicht erfolgen. Es wird schließlich nur das mündliche Vorbringen der anwesenden Partei gewürdigt. Gleichwohl müssen Sie an dieser Stelle die materielle Rechtslage - wie in jeder anderen Klausur auch - prüfen.

3. Was ist beim Antrag des Klägers auf Erlass eines Versäumnisurteils zu beachten?

Nach einer Ansicht bedarf es zusätzlich zum Sachantrag aus der Klageschrift eines besonderen Prozessantrags auf Erlass eines Versäumnisurteils. Die **herrschende Meinung** geht allerdings davon aus, dass die Partei den Erfolg ihres Sachantrags auf jedem verfahrensrechtlich möglichen Weg wünscht und deshalb in ihrem Sachantrag stillschweigend zugleich der Prozessantrag auf Erlass eines Versäumnisurteils mit gestellt wird. Dies ist durch Auslegung nach §§ 133, 157 BGB zu ermitteln.

4. Wann liegt Säumnis des Beklagten vor?

Der Beklagte ist im Sinne von § 331 Abs. 1 ZPO säumig, wenn die folgenden Voraussetzungen erfüllt sind:

- Der Beklagte erscheint in einem Termin zur mündlichen Verhandlung nicht
- obwohl er form- und fristgerecht geladen war, § 335 Abs. 1 Nr. 2 ZPO.

Als nicht erschienen ist der Beklagte zu behandeln, der

- bis zum Schluss der mündlichen Verhandlung (§ 220 Abs. 2 ZPO) am richtigen Ort (§ 219 ZPO) nicht anwesend ist,
- in Anwaltsprozessen nicht ordnungsgemäß vertreten ist, § 78 ZPO,
- zwar anwesend ist, aber nicht zur Sache verhandelt, §§ 333, 137 ZPO oder
- im schriftlichen Vorverfahren keine Verteidigungsbereitschaft anzeigt, § 331 Abs. 3 ZPO.

5. Welche Entscheidungsmöglichkeiten hat das Gericht beim Versäumnisurteil gegen den Beklagten?

Es bestehen aus Sicht des Gerichts drei Entscheidungsmöglichkeiten:

- Ist die Klage unzulässig, erfolgt eine Klageabweisung durch Prozessurteil als sog. **unechtes Versäumnisurteil**,

- ist die Klage zulässig, aber nicht schlüssig, erfolgt eine Klageabweisung durch sog. **unechtes Versäumnisurteil**,

- ist die Klage zulässig und schlüssig, so wird ein sog. **echtes Versäumnisurteil** erlassen.

Vgl. zu diesem Komplex das nachfolgende Schema für den Klausuraufbau:

A. Zulässigkeit der Klage
=> Hier sind die gewohnten Voraussetzungen anzusprechen.

B. Besondere Voraussetzungen zum Erlass eines Versäumnisurteils

    I. Antrag auf Erlass eines Versäumnisurteils
    II. Säumnis des Beklagten
    III. Kein Erlasshindernis

C. Schlüssigkeit der Klage
=> Gemäß § 331 Abs. 1 S. 1 ZPO gilt aufgrund der Säumnis das tatsächliche mündliche Vorbringen des Klägers als zugestanden (sog. **Geständnisfiktion**). Hierauf bezieht sich die Schlüssigkeitsprüfung nach § 331 Abs. 2 ZPO.

---

6.   Wie kann sich die säumige Partei gegen das gegen sie erlassene Versäumnisurteil wehren?

Da im Säumnisverfahren nur die Schlüssigkeit geprüft wird, hat der Gesetzgeber einen eigenen Rechtsbehelf geschaffen, damit die betroffene Partei nicht schutzlos ist. Mit dem in den §§ 338 ff. ZPO geregeltem **Einspruch** kann sich die Partei gegen ein zu ihren Lasten ergangenes Versäumnisurteil wehren. Der Prozess wird jedoch nicht in die nächsthöhere Instanz gehoben, wie das bei den Rechtsmitteln der Berufung und Revision der Fall ist.

Merke: Der sog. Devolutiveffekt wird durch den Einspruch gegen das Versäumnisurteil gerade nicht ausgelöst.

7. Welche Voraussetzungen müssen bei einem Einspruch gegen ein Versäumnisurteil erfüllt sein?

Der von der betroffenen Partei eingelegte Einspruch muss zunächst im Sinne der §§ 338 ff. ZPO zulässig sein. Schon aus der bloßen Gesetzeslektüre ergibt sich, dass dabei besondere Anforderungen an Statthaftigkeit, Frist und Form gestellt werden. Nach § 341 Abs. 1 ZPO hat das erkennende Gericht die Zulässigkeit von Amts wegen zu überprüfen.

Folgende Voraussetzungen sind dabei einzuhalten:

1. **Statthaftigkeit** des Einspruchs, § 338 ZPO
   => Gegen echtes Versäumnisurteil. Ein solches liegt vor, wenn es gegen die säumige Partei aufgrund der Säumnis ergangen ist.

   Merke: Gegen ein unechtes Versäumnisurteil sind die allgemeinen Rechtsmittel statthaft.

2. **Frist**, § 339 Abs. 1 ZPO
   => Die zwei Wochen Frist (Notfrist) muss eingehalten werden.

3. **Form**, § 340 Abs. 1, Abs. 2 ZPO
   => Adressat ist das Prozessgericht (sog. iudex a quo).
   => Inhaltlich ist den Erfordernissen des § 340 Abs. 2 ZPO zu entsprechen.

Im Hinblick auf die Rechtsfolge des eingelegten Einspruchs ist zwischen **zwei Situationen** zu unterscheiden:

1. Bei <u>Unzulässigkeit</u> des Einspruchs wird dieser gemäß § 341 Abs. 1 S. 2 ZPO als unzulässig verworfen.

2. Bei <u>Zulässigkeit</u> des Einspruchs wird aufgrund der Regelung in § 342 ZPO der Prozess in die Lage vor der Säumnis zurückversetzt (sog. **Restitutionswirkung**). Daher muss das Prozessgericht nach § 341a ZPO in einem Einspruchstermin erneut über die Zulässigkeit und Begründetheit entscheiden.

Hierbei kann es wiederum zu folgenden Ergebnissen kommen:

- Stellt das Gericht in der erneuten Prüfung fest, dass das ursprüngliche Versäumnisurteil sachlich nicht zu beanstanden ist, so wird es gemäß § 343 S. 1 ZPO aufrechterhalten.
- Kommt das Gericht hingegen zu dem Ergebnis, dass das Versäumnisurteil sachlich unrichtig ergangen ist, so ist nach § 343 S. 2 ZPO das Versäumnisurteil aufzuheben und die sachlich richtige Entscheidung zu treffen.

Für die Klausur sollte folgendes Schema Anwendung finden:

A. Zulässigkeit des Einspruchs

   I. Statthaftigkeit, § 338 ZPO

   II. Frist, § 339 ZPO

   III. Form, § 340 ZPO
      => Adressat ist das iudex a quo
      => Inhalt gemäß § 340 Abs. 2 ZPO

B. Bei Unzulässigkeit
   => Verwerfung nach § 341 Abs. 1 S. 2 ZPO

C. Bei Zulässigkeit
   => Rückversetzung in die Lage vor Säumnis durch die sog. Restitutionswirkung nach § 342 ZPO

   I. Prüfung der **Zulässigkeit** der Ursprungsklage
      => Hier ist auf die gewohnten Voraussetzungen einzugehen.

   II. Prüfung der **Begründetheit** der Ursprungsklage
      => Hier erfolgt die Ihnen bekannte Prüfung der materiellen Rechtslage.

Merke: Hüten Sie sich davor, die Zulässigkeit und Begründetheit des Einspruchs zu prüfen. Eine Begründetheitsprüfung erfolgt gerade nicht. Die Restitutionswirkung versetzt den Prozess in die Lage **vor Säumnis** zurück. Daher sind die Zulässigkeit und Begründetheit der Ursprungslage zu prüfen. So erklärt sich die oben dargestellte Schachtelprüfung.

---

8. Was versteht man unter dem Begriff des zweiten Versäumnisurteils?

Ist der Einspruchsführer in dem aufgrund eines zulässigen Einspruchs anberaumten Einspruchstermin nach § 341a ZPO erneut säumig, kommt der Erlass eines sog. zweiten Versäumnisurteils gemäß § 345 ZPO in Betracht.

Nach der wohl **herrschenden Meinung** hat hierbei keine erneute Überprüfung der Gesetzmäßigkeit des ersten Versäumnisurteils zu erfolgen. Hierfür spricht, dass der zulässige Einspruch aufgrund der Restitutionswirkung nach § 342 ZPO den Prozess in das Stadium vor Erlass des ersten Versäumnisurteils zurückversetzt. Da zu diesem Zeitpunkt das erste Versäumnisurteil noch nicht ergangen war, kann dessen Gesetzmäßigkeit auch nicht überprüft werden.

Gegen das zweite Versäumnisurteil ist ausweislich der Formulierung in § 345 ZPO ein weiterer Einspruch nicht zulässig. Vielmehr ist statthafter Rechtsbehelf die Berufung. Sie kann aber allein darauf gestützt werden, dass im Einspruchstermin keine verschuldete Säumnis vorgelegen hat, § 514 Abs. 2 ZPO. Mit allen anderen Einwänden wird der Berufungsführer nicht gehört. Man spricht daher auch von einer sog. **eingeschränkten Berufung** gegen ein zweites Versäumnisurteil.

▶ **Literatur zu diesem Abschnitt**

📖 Schreiber, **Jura** 2000, 276 ff. (Grundlagenwissen)
📖 Lange, **JA** 1999, 652 (660) (Klausur)

XI. Sonderfall: Das Mahnverfahren

1. Welchem Zweck dient das Mahnverfahren?

Das Mahnverfahren ist eine besondere Prozessart, die ihre rechtlichen Grundlagen in den §§ 688 ff. ZPO findet. Soweit es um Forderungen in Geld geht, bietet das Mahnverfahren dem Gläubiger (sog. **Antragsteller**) im Gegensatz zu dem aufwendigen Klageverfahren einen einfachen und billigeren Weg, um gegenüber seinem Schuldner (sog. **Antragsgegner**) zu einem rechtskräftigen und vollstreckbaren Titel nach §§ 699, 794 Abs. 1 Nr. 4 ZPO zu gelangen. Das unter Umständen langwierige und kostenintensive Klageverfahren kann so vermieden werden.

> **Merke:** Vereinfachung und Beschleunigung werden im Mahnverfahren dadurch erreicht, dass nur die Forderung zu bezeichnen und keine weitergehende Substantiierung erforderlich ist. Das Verfahren wird ohne mündliche Verhandlung nur schriftlich durchgeführt.

Legt hingegen der Antragsgegner Widerspruch gegen den Mahnbescheid, § 694 ZPO oder Einspruch gegen den Vollstreckungsbescheid, §§ 700, 338 ZPO ein, folgt im Anschluss daran das gewöhnliche Hauptsacheverfahren.

> **Merke:** Gegen den Mahnbescheid wird Widerspruch eingelegt und gegen den Vollstreckungsbescheid Einspruch.

2. Wie läuft das Mahnverfahren ab?

Antrag auf Erlass eines Mahnbescheides, § 690 ZPO

Mahnbescheid, § 692

Widerspruch, § 694 ZPO

Abgabe an das Streitgericht, § 696 ZPO

Streitiges Verfahren, § 697 ZPO

Kein wirksamer Widerspruch

Erlass eines **Vollstreckungs- bescheides**, § 699 ZPO

Einspruch, § 700 ZPO

Abgabe an das Streitgericht § 700 Abs. 3 ZPO

Streitiges Verfahren, §§ 700 Abs. 3, 697 ZPO

Hier gilt, dass technisch ein zweites Versäumnisurteil gegen den Beklagten bei Säumnis im Einspruchstermin erlassen wird.

Kein wirksamer Einspruch

Rechtskraft des Vollstreckungs- bescheides

Vollstreckung, § 794 Abs. Nr. 4 ZPO

Merke: Die Beschleunigungswirkung wird nur dann erreicht, wenn es weder zu Widerspruch noch Einspruch kommt. Werden Widerspruch oder Einspruch eingelegt und schließt sich daraufhin das normale Klageverfahren an, kommt es sogar zu zeitlichen Verzögerungen. Dies muss der Gläubiger im Vorfeld beachten. Er wird das Mahnverfahren nur dann wählen, wenn er erwartet, dass der Schuldner keine Einwände gegen die behauptete Forderung erhebt.

▶ **Literatur zu diesem Abschnitt**

📖 Coester-Waltjen, **Jura** 1991, 660 ff. (Grundlagenwissen)

XII. Sonderfall: Einstweiliger Rechtsschutz

1. Wozu hat der Gesetzgeber die Mittel des einstweiligen Rechtsschutzes geschaffen?

Mit den Vorschriften des einstweiligen Rechtsschutzes in den §§ 916 – 945 ZPO trägt der Gesetzgeber dem Umstand Rechnung, dass der oben dargestellte Normalfall der Durchsetzbarkeit von Ansprüchen auf gerichtlichem Wege in manchen Situationen deshalb zu unbefriedigenden Ergebnissen und Rechtsschutzlücken führen könnte, weil das Verfahren zu langwierig und damit uneffektiv ist.

Mit dem einstweiligen Rechtsschutz ist daher ein Verfahren geschaffen worden, das auf eine bloß summarische Prüfung der Ansprüche reduziert ist und damit eine beschleunigte Verwirklichung dringender Rechte gewährleistet.

Der Gesetzgeber stellt dafür zwei Verfahrensarten zur Verfügung, die allerdings nicht zur Erfüllung von materiellen Ansprüchen, sondern grundsätzlich nur zu deren Sicherung geeignet sind:

- **Arrest** nach §§ 916 – 934 ZPO,
- **Einstweilige Verfügung** nach §§ 935 – 945 ZPO.

Merke: Den meisten Studierenden ist der einstweilige Rechtsschutz im Zivilprozess weitgehend unbekannt. Bekannter sind jedoch die Verfahren nach §§ 80 Abs. 5, 80a und 123 VwGO. Auch dort geht es um eine zügige Rechtsverwirklichung. Führen Sie sich gedanklich die Zusammenhänge vor Augen.

2. Inwiefern ist die systematische Stellung des einstweiligen Rechtsschutzes im Gesetz ungenau?

Die Regelungen zum einstweiligen Rechtsschutz befinden sich im 8. Buch der ZPO und damit gehört der einstweilige Rechtsschutz aufgrund seiner systematischen Stellung streng genommen zum Bereich des Zwangsvollstreckungsrechts. Allerdings ist – mit wenigen Ausnahmen – den Vorschriften nichts zwangsvollstreckungsbezogenes zu entnehmen. Ein Vollstreckungstitel setzt das Verfahren im einstweiligen Rechtsschutz gerade noch nicht voraus. Vielmehr soll erst die Möglichkeit geschaffen werden, einen Vollstreckungstitel in dringenden Eilfällen zu erwirken. Nach heute wohl herrschender Meinung gehört der einstweilige Rechtsschutz damit zum Erkenntnisverfahren.

3. Wie grenzen sich Arrest und einstweilige Verfügung voneinander ab?

Der **Arrest** nach §§ 916 – 934 ZPO dient zur einstweiligen Sicherung der Zwangsvollstreckung wegen einer auf Geld gerichteten Forderung.

Die **einstweilige Verfügung** nach §§ 935 – 945 ZPO dient hingegen der einstweiligen Sicherung von Individualansprüchen auf gegenständliche Leistung (§ 935 ZPO) oder des Rechtsfriedens (§ 940 ZPO), die gerade nicht auf Geld gerichtet sind. Dies können sein:

- Anspruch auf Vornahme einer bestimmten Handlung,
- Anspruch auf Herausgabe einer Sache,
- Anspruch auf Unterlassung,
- Anspruch auf Abgabe einer Willenserklärung.

4. Was ist im Rahmen der Zulässigkeit eines Arrestantrages zu beachten?

Innerhalb der Zulässigkeitsprüfung eines Arrestantrages müssen Sie zunächst die **Statthaftigkeit** des Arrestes nach § 916 ZPO ansprechen. Sie liegt vor, wenn der Arrestantrag zur Sicherung der Zwangsvollstreckung wegen einer Geldforderung gestellt wird.

Dann ist ein den Voraussetzungen des § 920 ZPO genügendes **Arrestgesuch** zu stellen. Somit sind beispielsweise die Parteien, der zu sichernde Anspruch (Arrestanspruch) und die Tatsachen, aufgrund derer die Sicherung im Eilverfahren erforderlich ist (Arrestgrund) genau zu benennen.

> **Merke**: Das Arrestgesuch erfüllt die Funktion der Klageschrift im Hauptsacheverfahren.

Weiterhin müssen die Ihnen bereits bekannten **allgemeinen Prozessvoraussetzungen** vorliegen. Hierbei folgt die ausschließliche Zuständigkeit aus §§ 802, 919 ZPO (lesen!).

5. Was ist im Rahmen der Begründetheit eines Arrestantrages zu beachten?

Der Arrestantrag ist **begründet**, wenn der Arrestanspruch und der Arrestgrund schlüssig vorgetragen und glaubhaft gemacht worden sind.

Im Hinblick auf das Vorliegen des **Arrestanspruchs** erfolgt eine Prüfung der materiellen Rechtslage. Hier geht es darum, festzustellen, ob ein auf die Zahlung von Geld gerichteter Anspruch tatsächlich besteht.

Hierbei ist § 917 ZPO zu beachten, der festschreibt, dass der dingliche Arrest dann stattfindet, wenn zu befürchten ist, dass ohne die Verhängung des Arrestes die Zwangsvollstreckung vereitelt oder wesentlich erschwert werden würde. Insoweit gibt § 917 ZPO den Maßstab für die Prüfung des **Arrestgrundes**, also der Dringlichkeit vor.

Schließlich muss der Antragsteller nicht nur den Arrestanspruch, sondern auch den Arrestgrund gemäß § 920 Abs. 2 ZPO **glaubhaft** gemacht haben. Hierbei spielt als Beweismittel insbesondere die eidesstattliche Versicherung nach § 294 Abs. 1 ZPO eine entscheidende Rolle.

6. Was ist im Rahmen der Zulässigkeit einer einstweiligen Verfügung zu beachten?

Die **Statthaftigkeit** der einstweiligen Verfügung ist zu bejahen, wenn der zu sichernde Anspruch gerade nicht auf die Zahlung von Geld gerichtet ist. Unterschieden wird hierbei zwischen der sog. **Sicherungsverfügung** nach § 935 ZPO (Erhaltung des status quo) und der sog. **Regelungsverfügung** nach § 940 ZPO (vorläufige Regelung eines in Streit stehenden Rechtsverhältnisses). Aufgrund der Vorschrift des § 936 ZPO sind die Regelungen des Arrestverfahrens grundsätzlich übertragbar.

> **Merke**: Zwar kann die Abgrenzung der beiden Arten im Einzelfall schwierig sein. Aber für die Praxis hat dies keinerlei Bedeutung. Vielmehr werden hier schlicht §§ 935, 940 ZPO gemeinsam zitiert. Sofern Ihnen die Abgrenzung eindeutig möglich ist, nehmen Sie sie aber vor.

Wie schon im Arrestverfahren, wird das Gericht auch im Verfahren der einstweiligen Verfügung nach §§ 936, 920 ZPO nur tätig, wenn ein ordnungsgemäßes **Verfügungsgesuch** vorliegt. Daher sind nicht nur die Parteien zu bezeichnen, sondern auch der Verfügungsanspruch und der Verfügungsgrund zu benennen.

Weiterhin müssen die Ihnen bereits bekannten **allgemeinen Prozessvoraussetzungen** vorliegen. Die ausschließliche Zuständigkeit des angerufenen Gerichts bestimmt sich nach §§ 937 Abs. 1, 943 ZPO. Demnach ist grundsätzlich das Gericht der Hauptsache zuständig.

> **Merke**: In besonders dringenden Fällen kann nach § 942 ZPO auch eine Zuständigkeit des Gerichts vorliegen, in dessen Bezirk sich der Streitgegenstand befindet. Diese Vorschrift ist restriktiv anzuwenden.

7. Was ist im Rahmen der Begründetheit einer einstweiligen Verfügung zu beachten?

Der Antrag auf Erlass einer einstweiligen Verfügung ist **begründet**, sofern der Antragsteller das Bestehen eines Verfügungsanspruchs und eines Verfügungsgrundes glaubhaft gemacht hat, §§ 936, 920 Abs. 2 ZPO.

Hinsichtlich des **Verfügungsanspruchs** folgt wiederum eine Prüfung der materiellen Rechtslage.

Hinsichtlich des **Verfügungsgrundes** nach § 935 ZPO ist auf die besondere Dringlichkeit des Verfahrens einzugehen, die dann vorliegt, wenn zu besorgen ist, dass die Verwirklichung des behaupteten Rechts vereitelt oder wesentlich erschwert wird.

Wie im Arrestverfahren auch muss schließlich der Antragsteller nicht nur den Verfügungsanspruch, sondern auch den Verfügungsgrund gemäß §§ 936, 920 Abs. 2 ZPO **glaubhaft** machen. Hierbei spielt wiederum die eidesstattliche Versicherung nach § 294 Abs. 1 ZPO eine entscheidende Rolle.

XIII. Die Rechtsbehelfe

1. Was versteht man unter einem Rechtsbehelf? Welche Gruppen sind zu unterscheiden?

Unter dem Oberbegriff der Rechtbehelfe versteht man zunächst das vom Gesetzgeber den Parteien zur Verfügung gestellte Instrument, eine richterliche Entscheidung auf ihre Richtigkeit überprüfen zu lassen.

Die wichtigsten **Rechtsbehelfe** innerhalb der ZPO sind die Berufung, die Revision und die Beschwerde. Sie stimmen alle darin überein, dass sie sowohl den Devolutiveffekt als auch den Suspensiveffekt auflösen. Sie werden daher als **Rechtsmittel** bezeichnet.

- **Devolutiveffekt** bedeutet, dass die Entscheidungskompetenz der nächsthöheren Instanz begründet wird.

- **Suspensiveffekt** bedeutet, dass durch Einlegung des Rechtsmittels die formelle Rechtskraft zunächst nicht eintritt.

Merke: Nur wenn Devolutiveffekt und Suspensiveffekt vorliegen, spricht man von einem Rechtsmittel. Rechtsmittel sind folglich spezielle Erscheinungsformen der Rechtsbehelfe. Ein Beispiel für einen bloßen Rechtsbehelf ist der Einspruch gegen ein Versäumnisurteil nach §§ 338 ff. ZPO. Er wird gerade durch die Ausgangsinstanz, nämlich das Prozessgericht geprüft. Der Devolutiveffekt ist nicht gegeben, § 340 Abs. 1 ZPO.

2. Wo ist die Berufung geregelt und wodurch ist sie gekennzeichnet?

Die Berufung ist im 3. Buch der ZPO in den §§ 511 ff. ZPO geregelt. Dort finden sich alle entscheidenden Normen, aus denen sich die Zulässigkeitsvoraussetzungen einer Berufung ableiten lassen (lesen!).

Sie ermöglicht den Parteien die Überprüfung der in erster Instanz getroffenen Entscheidung durch das Berufungsgericht in tatsächlicher und rechtlicher Hinsicht.

Die Berufung kann von beiden Parteien des Rechtsstreits eingelegt werden. In Abhängigkeit davon, wer die Berufung eingelegt hat, spricht man vom **Berufungskläger** und vom **Berufungsbeklagten.**

3. Welches Schema findet bei der Berufungsprüfung Anwendung?

A. Zulässigkeit der Berufung
=> Prüfung von Amts wegen, § 522 Abs. 1 ZPO

 I. Statthaftigkeit, § 511 ZPO
  => Berufungsfähige Urteile
   - Endurteile der 1. Instanz, §§ 511, 300, 301 ZPO
   - zweite Versäumnisurteile, § 514 Abs. 2 ZPO

 II. Zuständigkeit des Gerichts, § 519 Abs. 1 ZPO
  => Einreichung der Berufungsschrift beim Berufungsgericht

 III. Form

  1. Berufungseinlegung, § 519 ZPO
  2. Berufungsbegründung, § 520 ZPO

 IV. Frist

  1. Berufungseinlegung: 1 Monat, § 517 ZPO
  2. Berufungsbegründung: 2 Monate, § 520 Abs. 2 ZPO

  Die Berechnung der Frist folgt aus § 222 ZPO, §§ 187 Abs. 1, 188 Abs. 2 BGB.

V. Beschwer

1. Kläger: formelle Beschwer
=> wenn dem Kläger weniger als beantragt zugesprochen wurde, also ein
Minus zum Sachantrag vorliegt.

2. Beklagter: materielle Beschwer
=> jede für den Beklagten nachteilige
Entscheidung im Urteil der 1. Instanz.

3. Beschwerdegegenstand[1]
=> Nicht jede Beschwer ist für eine zulässige Berufung ausreichend, vgl. § 511 Abs. 2 Nr. 1 ZPO
(lesen!).

B. Begründetheit

I.   Zulässigkeit der Klage
II. Begründetheit der Klage
=> keine volle zweite Tatsacheninstanz. Neue Tatsachen
sind nur dann zu beachten, wenn nach §§ 529 Abs. 1
Nr. 2, 531 Abs. 2 ZPO eine Zulassung erfolgte.

---

4.   Wo ist die Revision geregelt und wodurch ist sie gekennzeichnet?

Die Revision ist ebenfalls im 3. Buch der ZPO geregelt. Die ein-
schlägigen Normen finden sich in den §§ 542 ff. ZPO.

Zweck der Revision ist ausschließlich, eine rechtliche Überprü-
fungsmöglichkeit für die angefochtene Entscheidung zu schaffen.
Sie dient somit einer reinen Rechtskontrolle.

---

[1] Bislang > 600,-- Euro, der Bundesrat hat am 21.9.2007 allerdings den
Entwurf eines Gesetzes (Gesetzesantrag) zur Anhebung der Berufungs-
summe von 600 auf 1.000 Euro beschlossen, Drucksache 439/07.

5. Welches Schema findet bei der Revisionsprüfung Anwendung?

A. Zulässigkeit der Revision
=> Prüfung von Amts wegen, § 552 ZPO

I. Statthaftigkeit, § 542 ZPO
=> Revisionsfähige Urteile
- Endurteile der Berufungsinstanz, § 542 Abs. 1 ZPO
- erstinstanzliche Endurteile der Landgerichte unter den Voraussetzungen der sog. Sprungrevision, § 566 ZPO

II. Zulassung der Revision, § 543 Abs. 1 ZPO
=> Streitwertunabhängig ist die Revision nur zulässig, wenn sie vom Berufungsgericht im Urteil zugelassen worden ist. Dies ist der Fall, wenn die Rechtssache grundsätzliche Bedeutung hat oder der Rechtsfortbildung dient, § 543 Abs. 2 ZPO

III. Zuständigkeit des BGH, § 549 Abs. 1 ZPO, § 133 GVG

IV. Form, § 549 ZPO

V. Frist, § 548 ZPO
=> 1 Monat nach Zustellung des Urteils

=> Beachte auch: Revisionsbegründungsfrist, § 551 Abs. 2 ZPO

Die Berechnung der Frist folgt aus § 222 ZPO, §§ 187 Abs. 1, 188 Abs. 2 BGB.

B. Begründetheit
=> Überprüfung des angefochtenen Urteils auf Fehler bei der Rechtsanwendung. Hierbei ist das Revisionsgericht an die tatsächlichen Feststellungen des Berufungsgerichtes gemäß § 559 Abs. 1 ZPO gebunden.

► **Literatur zu diesem Abschnitt**

📖 Schnauder, **JuS** 2002, 68 ff., 162 ff. (Grundlagenwissen)
📖 Rimmelspacher, **Jura** 2002, 11 ff. (Grundlagenwissen)

B. Basiswissen ZPO II - Zwangsvollstreckung

I. Grundlagen - Zwangsvollstreckungsverfahren

**1.   Erklären Sie den Begriff des Zwangsvollstreckungs-
verfahrens!**

Das Zwangsvollstreckungsverfahren dient der Durchsetzbarkeit
der im Erkenntnisverfahren festgestellten privatrechtlichen Ansprüche und schafft Regelungen zum Ausgleich von Gläubiger-
und Schuldnerinteressen. Schon im ersten Teil wurde ausgeführt,
dass sich gesetzliche Vorschriften zum Zwangsvollstreckungsverfahren im 8. Buch der ZPO finden lassen.

Innerhalb des Vollstreckungsverfahrens schafft das 8. Buch der
ZPO den rechtlichen Rahmen auch zur zwangsweisen Durchsetzung subjektiver Rechte durch staatliche Vollstreckungsorgane.

Festzuhalten ist, dass das **Zwangsvollstreckungsverfahren** ein

- staatliches Verfahren

- zur zwangsweisen Durchsetzung oder Sicherung

- von privatrechtlichen Leistungsansprüchen ist,

- die in einem Vollstreckungstitel verbrieft sind.

**2.   Weshalb ist das Zwangsvollstreckungsverfahren er-
forderlich?**

Anders als bei der Gestaltungsklage, wo die Rechtslage durch den
Urteilsspruch unmittelbar verändert wird, oder bei der Fest-
stellungsklage, wo der Kläger mit der rechtskräftigen gerichtlichen
Feststellung sein Rechtsschutzziel erreicht hat, führt bei einer
Leistungsklage selbst ein in Rechtskraft erwachsenes Urteil nicht

zwingend dazu, dass der Kläger sein Ziel erreicht. Vielmehr begründet das Urteil nur einen Anspruch auf Leistung. Erfüllung der eingeklagten Forderung tritt somit durch das Urteil selbst nicht ein. Zahlt der Beklagte trotz des ihn verurteilenden Leistungsurteils nicht, ist der Kläger auf staatliche Hilfe zur Durchsetzung seines Anspruchs angewiesen. Diese Hilfe ist das Zwangsvollstreckungsverfahren.

Merke: Erinnern Sie sich an die staatliche Justizgewährungspflicht. Um zu verhindern, dass der Kläger im Wege der Selbstjustiz seine Ansprüche durchsetzt, ist ein geregeltes staatliches Verfahren notwendig.

3. Welcher Systematik folgt das Zwangsvollstreckungsrecht?

Um die Systematik des Zwangsvollstreckungsrechts zu verstehen, bietet sich für den Einstieg ein intensiver Blick in das Inhaltsverzeichnis der ZPO an.

Abschnitt 1:
In den §§ 704 bis 802 ZPO finden sich die allgemeinen Vorschriften der Zwangsvollstreckung. Sie sind quasi vor die Klammer gezogen und gelten für alle Vollstreckungsmaßnahmen.

Abschnitt 2:
In den §§ 803 bis 882a ZPO ist die Zwangsvollstreckung wegen Geldforderungen geregelt. Aus den Untertiteln dieses Abschnitts folgt, dass im Hinblick auf die Zwangsvollstreckung danach zu differenzieren ist, ob wegen einer Geldforderung in das bewegliche Vermögen des Schuldners vollstreckt werden soll (§§ 803 bis 863 ZPO) oder ob wegen einer Geldforderung in das unbewegliche Vermögen des Schuldners vollstreckt werden soll (§§ 864 bis 871 ZPO).

Abschnitt 3:
Dieser Abschnitt regelt in den §§ 883 bis 898 ZPO die Zwangsvollstreckung wegen anderer Forderungen, also die:

- Herausgabe von Sachen (§§ 883 bis 886 ZPO),
- Vornahme von Handlungen (§§ 887 bis 888 ZPO),
- Duldungen und Unterlassungen (§§ 890 ZPO),
- Abgabe einer Willenserklärung (§§ 894, 898 ZPO).

Merke: Es sind von Ihnen gedanklich die folgenden Schritte zu überprüfen:

- Weswegen findet die Zwangsvollstreckung statt?
  - Wegen Geld oder wegen anderer Forderungen?

- In was wird vollstreckt?

4.   Wer sind die Parteien der Zwangsvollstreckung?

Bis zum Abschluss des Erkenntnisverfahrens bezeichnet man die Parteien als Kläger und Beklagten. Innerhalb der Vorschriften über die Zwangsvollstreckung werden diese Bezeichnungen nur noch vereinzelt verwendet. Vielmehr spricht man von **Vollstreckungsgläubiger** und **Vollstreckungsschuldner**. Darüber hinaus gibt es in einigen Vorschriften auch noch sog. Dritte.

5.   Wer ist Vollstreckungsgläubiger?

Unter dem Vollstreckungsgläubiger ist derjenige zu verstehen, der die Zwangsvollstreckung aufgrund des im Titel verbrieften, vollstreckbaren Anspruchs betreibt. Er ist regelmäßig derjenige, der das ganze Verfahren angestoßen hat, um seinen Leistungsanspruch durchzusetzen.

6.   Wer ist Vollstreckungsschuldner?

Unter dem Vollstreckungsschuldner ist derjenige zu verstehen, gegen den der im Titel verbriefte vollstreckbare Anspruch durchgesetzt, also vollstreckt werden darf. Regelmäßig handelt es sich bei dem Vollstreckungsschuldner zugleich auch um den Schuldner eines materiellen Rechtsgeschäftes (Bsp.: Käufer, der den Kaufpreis nicht zahlt).

7. Nennen Sie die Zwangsvollstreckungsorgane sowie deren Zuständigkeiten!

Die staatlichen Organe der Zwangsvollstreckung sind:

- Der Gerichtsvollzieher,
- das Vollstreckungsgericht,
- das Prozessgericht,
- das Grundbuchamt.

Im Hinblick auf die Zuständigkeiten der unterschiedlichen Vollstreckungsorgane ist folgendes zu beachten:

Der **Gerichtsvollzieher** ist nach § 753 Abs. 1 ZPO derjenige, dem die Zwangsvollstreckung von Gesetzes wegen zugewiesen ist, sofern nicht ausnahmsweise die Gerichte zuständig sind. Der Gerichtsvollzieher ist für die Zwangsvollstreckung wegen Geldforderungen in das bewegliche Vermögen nach §§ 808 ff. ZPO sowie für die Erwirkung der Herausgabe von Sachen zuständig, §§ 883 bis 885, 897 ZPO.

Das Amtsgericht ist als **Vollstreckungsgericht** zuständig, sofern die Zwangsvollstreckung den Gerichten zugewiesen ist, § 764 ZPO. Dies ist der Fall, wenn die Zwangsvollstreckung wegen Geldforderungen in Forderungen und andere Vermögensrechte erfolgen soll, § 828 ZPO oder wegen Geldforderungen in das unbewegliche Vermögen erfolgen soll, §§ 864 Abs. 1, 866 Abs. 1 ZPO.

Das **Prozessgericht** wiederum ist zuständig für die Zwangsvollstreckung, wenn Handlungen (§§ 887, 888 ZPO) bzw. Duldungen oder Unterlassungen erwirkt werden sollen, § 890 ZPO.

Schließlich ist das **Grundbuchamt** in den Fällen zuständig, in denen die Eintragung von Informationen in das Grundbuch zur Durchführung der Zwangsvollstreckung erforderlich ist. Dies ist bei der Eintragung einer Zwangshypothek nach §§ 866, 867 ZPO in Verbindung mit § 1 GBO der Fall.

II. Voraussetzungen der Zwangsvollstreckung

1. Welches sind die Voraussetzungen der Zwangsvollstreckung?

Es ist ein massiver Eingriff in subjektive Rechte des Vollstreckungsschuldners, wenn der Staat durch seine Vollstreckungsorgane mit Zwang Ansprüche des Vollstreckungsgläubigers gegenüber dem Vollstreckungsschuldner durchsetzt. Aus Gründen der Rechtsstaatlichkeit müssen daher an diese zwangweise Durchsetzung strenge formale Voraussetzungen geknüpft werden.

Mit der Zwangsvollstreckung kann daher nur begonnen werden, wenn

- die allgemeinen Vollstreckungsvoraussetzungen und
- die besonderen Vollstreckungsvoraussetzungen vorliegen und
- keine Vollstreckungshindernisse entgegenstehen.

2. Was ist hinsichtlich der allgemeinen Vollstreckungsvoraussetzungen im Einzelnen zu prüfen?

Bei jeder Zwangsvollstreckung müssen die allgemeinen Vollstreckungsvoraussetzungen eingehalten werden. Zu ihnen gehören:

- Antrag,
- Titel,
- Klausel,
- Zustellung.

Fehlen einzelne allgemeine Vollstreckungsvoraussetzungen, so führt dies wenigstens zur Anfechtbarkeit der Vollstreckungsmaßnahme oder sogar zu deren Nichtigkeit.

3. Ordnen Sie den Antrag auf Durchführung der Zwangsvollstreckung in das allgemeine System des Zivilprozesses ein!

Bereits ausgeführt wurde in Teil 1, dass im Zivilprozess die sog. Dispositionsmaxime gilt. Danach haben die Parteien die Herrschaft über das Verfahren. Da das Zwangsvollstreckungsverfahren ein (nachgelagerter) Teil des Zivilprozesses ist, gelten hier die gleichen Grundsätze. Es wäre demnach staatliche Bevormundung und mit der Privatautonomie nicht zu vereinbaren, würde die Zwangsvollstreckung unabhängig vom Willen des Gläubigers in Gang gesetzt werden können. Vielmehr muss der Gläubiger an das zuständige Vollstreckungsorgan (vgl. oben) einen Antrag auf Durchführung der Zwangsvollstreckung richten.

Aufgrund des Antrages wird das zuständige Vollstreckungsorgan aktiv. Neben der Frage, ob tatsächlich die Zuständigkeit gegeben ist, wird darüber hinaus geprüft, ob die allgemeinen Verfahrensvoraussetzungen und die allgemeinen Vollstreckungsvoraussetzungen vorliegen.

> **Merke:** Der Antrag auf Zwangsvollstreckung ist eine Prozesshandlung und kein Auftrag im Sinne von § 662 BGB. Insbesondere wird daher die Partei- und Prozessfähigkeit des Antragstellers überprüft.

4. Erklären Sie den Begriff „Titel" sowie dessen Funktion!

Als Titel der Zwangsvollstreckung werden die in einer Urkunde verbrieften materiellrechtlichen Ansprüche des Vollstreckungsgläubigers gegenüber dem Vollstreckungsschuldner bezeichnet, aus denen durch Gesetz die Zwangsvollstreckung für zulässig erklärt wird.

Es handelt sich um die Basis der Zwangsvollstreckung. Durch den Titel werden neben den Parteien auch Art, Inhalt und Umfang der Zwangsvollstreckung bestimmt.

> **Merke:** Der Titel ist der Fahrplan für das Vollstreckungsorgan. Aus ihm muss alles für die Vollstreckung Wesentliche hervorgehen.

5. Welche Arten von Titeln gibt es?

Aus § 704 Abs. 1 ZPO folgt, dass der wichtigste Vollstreckungstitel das rechtskräftig oder für vorläufig vollstreckbar erklärte Endurteil ist.

Ergänzt wird das Endurteil durch die in § 794 Abs. 1 ZPO vorgenommene Aufzählung weiterer Vollstreckungstitel, aus denen ebenfalls die Zwangsvollstreckung stattfinden kann. Hierbei sind für die Praxis und die Klausur von Bedeutung:

- Prozessvergleiche, § 794 Abs. 1 Nr. 1 ZPO (vgl. oben),
- Vollstreckungsbescheide, § 795 Abs. 1 Nr. 4 ZPO und
- vollstreckbare Urkunden, § 794 Abs. 1 Nr. 5 ZPO.

6. Erklären Sie den Begriff „Klausel" sowie deren Funktion!

Die Klausel ist die amtliche Bescheinigung darüber, dass der Titel besteht und Vollstreckungsreife gegeben ist. Ihr Wortlaut folgt unmittelbar aus § 725 ZPO. Durch das Hinzufügen der Klausel auf den Titel selbst wird dieser zur vollstreckbaren Ausfertigung. Aus § 724 ZPO folgt, dass die Zwangsvollstreckung erst aufgrund einer mit der Klausel versehenen Ausfertigung des Urteils (vollstreckbare Ausfertigung) vorgenommen wird. Sie ist Grundlage der Vollstreckung.

Die Vollstreckungsklausel dient zwei Zielen:

Zum einen entlastet sie das Vollstreckungsorgan. Die Klausel bescheinigt, dass aus dem vorliegenden Titel vollstreckt werden darf und erspart somit weitere Nachprüfungen. Zum anderen schützt sie auch den Vollstreckungsschuldner. Von jedem Titel darf nur eine vollstreckbare Ausfertigung erteilt werden, so dass sie auch vor mehrfacher Inanspruchnahme durch Zwangsvollstreckung schützt.

Merke: Aus § 757 Abs. 1 ZPO folgt, dass nach vollständiger Leistung die vollstreckbare Ausfertigung als Nachweis an den Schuldner herauszugeben ist.

Die Notwendigkeit der Klausel ist der gesetzliche Regelfall. Ausnahmen hiervon sind gesetzlich normiert und finden sich z.B. beim Kostenfestsetzungsbeschluss nach §§ 795a, 794 Abs. 1 Nr. 2 ZPO oder beim Vollstreckungsbescheid nach §§ 796 Abs. 1, 794 Abs. 1 Nr. 4 ZPO.

7. Erklären Sie den Begriff der „Zustellung" und deren Funktion!

Aus § 750 Abs. 1 ZPO folgt, dass die Zustellung des Titels allgemeine Vollstreckungsvoraussetzung ist. Der Begriff der Zustellung ist dabei als die Bekanntgabe eines Schriftstückes an eine Person in der in diesem Titel bestimmten Form zu verstehen, vgl. § 166 ZPO.

Mit der Zustellung soll der Schuldner darüber in Kenntnis gesetzt werden, dass die Zwangsvollstreckung kurz bevorsteht. Sie ist die letzte Mahnung an den Schuldner und soll ihm Gelegenheit geben, die Zwangsvollstreckung durch Erbringung der geschuldeten Leistung abzuwenden.

> **Merke:** Klausurrelevant ist die Frage, ob der Schuldner auf die Zustellung des Titels verzichten kann. Nach **herrschender Meinung** ist die Zustellung eine vom Gesetzgeber für besonders wichtig gehaltene Voraussetzung, die nicht der Disposition der Parteien unterliegt. Ein vorheriger Verzicht des Schuldners auf Zustellung ist unwirksam.
> Ein nachträglicher Verzicht ist hingegen nach herrschender Meinung wirksam. Der Schuldner hat dann die Wahl, ob er den Zustellungsmangel mit einem Rechtsbehelf geltend macht.

Die Zustellung birgt aber auch die Gefahr in sich, dass der Schuldner aufgrund der Kenntnis darüber, dass die Vollstreckung kurz bevor steht, nunmehr sein Vermögen zur Seite schafft und die Vollstreckung vereitelt. § 750 Abs. 1 S. 1 ZPO bietet daher die Möglichkeit, dass die Zwangsvollstreckung und die Zustellung zeitlich zusammenfallen.

> **Merke:** Klausurrelevant ist innerhalb der Zustellung immer wieder die Frage von Zustellungsmängeln. In diesem Zusammenhang müssen Sie § 189 ZPO kennen. Nach dieser Vorschrift können Zustellungsmängel geheilt werden.

Weiterhin sollten Sie die Regeln über die Ersatzzustellung nach § 178 ZPO kennen. Wichtig sind dabei insbesondere § 178 Abs. 1 Nr. 1 und Nr. 2 ZPO. Diese Vorschriften sind ebenfalls klausurrelevant.

8. Was ist hinsichtlich der besonderen Vollstreckungsvoraussetzungen im Einzelnen zu prüfen?

Neben den allgemeinen Vollstreckungsvoraussetzungen prüft das zuständige Organ in drei Fällen das Vorliegen besonderer Vollstreckungsvoraussetzungen:

- Darf der titulierte Anspruch erst an einem bestimmten Kalendertag geltend gemacht werden, so darf die Zwangsvollstreckung ihrerseits nach § 751 Abs. 1 ZPO erst nach Ablauf dieses Tages beginnen.

- Ist die Zwangsvollstreckung von einer Sicherheitsleistung des Gläubiges abhängig gemacht worden, so darf die Zwangsvollstreckung nach § 751 Abs. 2 ZPO erst beginnen, wenn ein Nachweis über die Sicherheitsleistung erbracht ist.

- Bezieht sich die Verurteilung auf eine Zug-um-Zug Leistung, so ist nach § 756 bzw. § 765 ZPO erforderlich, dass vor Beginn der Zwangsvollstreckung der Schuldner befriedigt wurde oder sich mit der Annahme der Leistung in Verzug befindet.

9. Was ist hinsichtlich des Fehlens von Vollstreckungshindernissen zu beachten?

Auch bei Vorliegen der allgemeinen und besonderen Vollstreckungsvoraussetzungen kann sich im Einzelfall die Unzulässigkeit der Zwangsvollstreckung aus der Existenz von Vollstreckungshindernissen ergeben. Insbesondere die folgenden Fallgruppen sind dabei von Bedeutung:

- Einstellung der Zwangsvollstreckung nach § 775 ZPO,
- Eröffnung des Insolvenzverfahrens, § 89 InsO,
- Zwangsvollstreckung gegen den Erben vor Annahme der Erbschaft, § 778 ZPO und
- Vorliegen von Vollstreckungsverträgen.

10. Erklären Sie den Begriff und die Bedeutung von Vollstreckungsverträgen!

Aufgrund der Dispositionsmaxime und damit auch als Folge der Privatautonomie ist es dem Schuldner und dem Gläubiger unbenommen, eine Parteivereinbarung über die Voraussetzungen, die Zulässigkeit und die Durchführung der Zwangsvollstreckung zu treffen.

Im Hinblick auf ihre Zulässigkeit gilt indes folgendes:

- Vereinbarungen über die Voraussetzungen der Zwangsvollstreckung sind unwirksam. Diese Voraussetzungen sind in Vorschriften der ZPO geregelt, die nicht zur Disposition der Parteien stehen.

- Vollstreckungsbeschränkende Vereinbarungen sind hingegen nach allgemeiner Meinung wirksam. Hierbei kann es sich um Beschränkungen in zeitlicher oder tatsächlicher Hinsicht handeln (Vollstreckung erst ab einem bestimmten Datum oder in bestimmte Gegenstände bzw. in bestimmte Gegenstände gerade nicht).

An wirksame Vollstreckungsvereinbarungen ist das zuständige Vollstreckungsorgan nach herrschender Meinung gebunden.

▶ Literatur zu diesem Abschnitt

📖 Viefhues/Viefhues, JuS 1997, 516 ff. (Grundlagenwissen)
📖 Lackmann, Zwangsvollstreckungsrecht, 7. Auflage 2005, S. 11. ff

III. Zwangsvollstreckung wegen Geldforderungen

1. Schildern Sie die Grundlagen der Zwangsvollstreckung wegen Geldforderungen!

Hat der Gläubiger gegenüber dem Schuldner eine titulierte Geldforderung, so hat er das Wahlrecht, entweder in das bewegliche Vermögen oder in das unbewegliche Vermögen zu vollstrecken.

Die Vollstreckungsmöglichkeiten in das bewegliche Vermögen nach §§ 803 ff. ZPO zielen auf

- körperliche Sachen, §§ 808 ff. ZPO,
- Forderungen, §§ 828 ff. ZPO,
- Herausgabeansprüche, §§ 846 ff. ZPO,
- sonstige Vermögensrechte, §§ 857 ff. ZPO.

Die Vollstreckungsmöglichkeiten in das unbewegliche Vermögen nach §§ 864 ff. ZPO zielen in erster Linie auf

- Grundstücke, § 864 Abs. 1 ZPO,
- Bruchteile von Grundstücken, § 864 Abs. 2 ZPO.

2. Wie läuft die Vollstreckung in körperliche Sachen ab?

Die Möglichkeiten der Zwangsvollstreckung in körperliche Sachen (Mobiliarvollstreckung) sind in den §§ 808 ff. ZPO geregelt. Somit ist von Gesetzes wegen das erste zwangsvollstreckungsrechtliche Zugriffsobjekt das bewegliche Vermögen des Schuldners.

Es gilt folgendes:

- Zuständiges Vollstreckungsorgan ist nach §§ 753 Abs. 1, 808 Abs. 1 ZPO der Gerichtsvollzieher.

- Der Begriff der körperlichen Sachen in § 808 Abs. 1 ZPO entspricht dem Begriff der Sache in § 90 BGB.

94

Bei der Zwangsvollstreckung in körperliche Sachen sind grds. drei Stationen zu beachten:

- Antrag,
- Pfändung,
- Wirkung.

3. Was ist in Bezug auf den Antrag zu beachten?

Aus der Vorschrift in § 753 Abs. 1 ZPO folgt, dass der Gerichtsvollzieher nur tätig wird, wenn ihm vom Gläubiger ein entsprechender Auftrag bzw. Antrag erteilt worden ist. Als Prozesshandlung muss dieser Antrag nach § 754 ZPO schriftlich oder mündlich erteilt werden.

Merke: Der Auftrag begründet kein privatrechtliches Schuldverhältnis zwischen Gläubiger und Gerichtsvollzieher. Vielmehr entsteht ein öffentlich-rechtliches Verhältnis, dass den Gerichtsvollzieher als Hoheitsträger legitimiert (vgl. hierzu bereits oben).

4. Was ist in Bezug auf die konkrete Pfändung zu beachten?

Nachdem der Antrag des Gläubigers auf Vornahme der Zwangsvollstreckung vorliegt, prüft der Gerichtsvollzieher zunächst das Vorliegen der übrigen allgemeinen Vollstreckungsvoraussetzungen, also Titel, Klausel, Zustellung und Fehlen von Vollstreckungshindernissen (vgl. hierzu bereits oben).

Liegen die allgemeinen Vollstreckungsvoraussetzungen vor, so leitet er die konkreten Vollstreckungsmaßnahmen gegen den Schuldner ein. Dies bedeutet, dass der Gerichtsvollzieher unter Beachtung der besonderen Pfändungsvoraussetzungen mit der hoheitlichen Durchsetzung der Ansprüche des Gläubigers gegenüber dem Schuldner beginnt.

Zu den besonderen Pfändungsvoraussetzungen gehört, dass die Pfändung

- zur rechten Zeit,
- am rechten Ort,
- in der rechten Art und Weise,
- im rechten Umfang erfolgen muss.

5. Wann erfolgt die Pfändung zur rechten Zeit und am rechten Ort?

Nach § 758a Abs. 4 ZPO gilt, dass eine **Pfändung zur Unzeit** grundsätzlich nicht vorgenommen werden soll. Hierbei geht es um den schonenden Umgang mit den Belangen des Schuldners, der vor unbilligen Belastungen geschützt werden soll, die aufgrund einer Pfändung zur Nachtzeit oder an Sonn- und Feiertagen zu befürchten wären.

Der **rechte Ort** bezeichnet die Örtlichkeiten, an denen sich Vermögensmassen des Schuldners vermuten lassen.

6. Wann erfolgt die Pfändung in der rechten Art und Weise?

Aus § 808 ZPO folgen detaillierte Angaben über die **Art und Weise** der Pfändung. Hierbei ist besonders wichtig, dass der Gerichtsvollzieher nach § 808 Abs. 1 ZPO die gepfändeten Sachen grundsätzlich in Besitz nimmt und nur ausnahmsweise nach § 808 Abs. 2 ZPO beim Schuldner belässt, wenn dadurch die Gläubigerinteressen nicht gefährdet werden.

Merke: Geld, Kostbarkeiten und Wertpapiere nimmt der Gerichtsvollzieher aufgrund der hohen Verkehrsfähigkeit stets an sich.

Sachen, die beim Schuldner belassen werden, müssen durch ein sichtbares Siegel gekennzeichnet werden, § 808 Abs. 2 S. 2 ZPO. Das Siegel muss an der gepfändeten Sache haltbar angebracht werden und bei gewöhnlicher Aufmerksamkeit zu erkennen sein.

Ebenfalls zur **Art und Weise** der Pfändung gehört nach § 808 Abs. 1 ZPO, dass nur im Gewahrsam des Schuldners befindliche Sachen gepfändet werden dürfen. Wie bereits aus dem Strafrecht bekannt, ist Gewahrsam die tatsächliche Sachherrschaft über eine Sache.

> **Merke:** Es kommt somit nicht auf die Eigentumsverhältnisse an. Dies ist eine häufige Klausurfalle und sollte Ihnen bekannt sein. Der Gerichtsvollzieher hat keine Möglichkeit, die Eigentumsverhältnisse zu überprüfen. Allein aus der tatsächlichen Sachherrschaft des Schuldners folgt für ihn die Möglichkeit der Pfändung. Der tatsächliche Eigentümer kann über die Drittwiderspruchsklage nach § 771 ZPO Rechtsschutz finden. Auch dies ist ein beliebtes Klausurproblem und läuft unter der Überschrift **„Pfändung schuldnerfremder Sachen"**.
> Nur bei Offensichtlichkeit kann man hier zu einem anderen Ergebnis gelangen und die rechte Art und Weise ablehnen, beispielsweise bei einem Mietwagen mit großem Werbeaufdruck des Mietservices.

Eine Ergänzung findet die Vorschrift des § 808 ZPO durch § 809 ZPO. Der Gerichtsvollzieher darf also auch Sachen pfänden, die sich im Gewahrsam eines zur Herausgabe bereiten Dritten befinden. Oft handelt es sich dabei um Fälle des sog. Mitgewahrsams.

> **Merke:** Protestiert also der WG-Mitbewohner des Schuldners gegen die Pfändung, so liegt zwar Mitgewahrsam vor. Aber der Dritte ist gerade nicht zur Herausgabe bereit, so dass eine Pfändung nicht erfolgen darf.

---

7. Was gilt es zu beachten, wenn eine Pfändung von Sachen erfolgt, die im Mitgewahrsam der Ehegatten stehen?

Bei dieser Frage handelt es sich wiederum um ein beliebtes Klausurproblem. Die Vorschrift des § 809 ZPO ist hier im Kontext von § 739 ZPO (lesen!) und § 1362 BGB (lesen!) zu betrachten. Die Eigentumsvermutung des § 1362 BGB wird auf den Gewahrsam ausgedehnt. Der Ehegatte, der Schuldner ist, wird demnach als alleiniger Gewahrsamsinhaber angesehen. Somit ist bei der Pfändung bei Ehegatten nicht erforderlich, dass der andere Ehegatte, der ebenfalls Gewahrsamsinhaber ist, seine Herausgabebereitschaft nach § 809 ZPO signalisiert.

Merke: Klausureinstieg in dieser Konstellation ist die Frage, ob die Pfändung bei den Ehegatten in der rechten Art und Weise nach §§ 808 ff. ZPO erfolgt ist. Dem könnte § 809 ZPO entgegenstehen, so dass der andere Ehegatte, der Mitgewahrsam hat, herausgabebereit sein müsste. Dann sind § 739 ZPO und § 1362 BGB heranzuziehen und die Ausdehnung der Eigentumsvermutung auf den Gewahrsam aufzuzeigen. Im Ergebnis greift daher § 809 ZPO nicht durch. Auf die Herausgabebereitschaft des anderen Ehegatten kommt es nicht an.

Nur im Wege der Drittwiderspruchsklage kann der andere Ehegatte sein Eigentumsrecht durchsetzen, § 771 ZPO:

Folgendes müssen Sie hier ebenfalls wissen:

- Eine analoge Anwendung auf nichteheliche Lebensgemeinschaften wird nach herrschender Meinung abgelehnt.

- Die Vorschrift des § 739 ZPO ist verfassungsmäßig bedenklich, weil sie Ehegatten – entgegen Art. 6 GG – benachteiligt. Gleichwohl wird sie überwiegend als zulässig erachtet.

8. Was ist im Hinblick auf den rechten Umfang der Pfändung zu beachten?

Der rechte Umfang der Pfändung wird durch zahlreiche Einzelvorschriften näher konkretisiert. Diese Vorschriften sollten Sie unbedingt lesen. Es geht um folgende Fälle:

- § 803 Abs. 1 S. 2 ZPO verbietet die Überpfändung.

- § 803 Abs. 2 ZPO verbietet eine zwecklose Pfändung, bei der schon nicht zu erwarten ist, dass die Kosten der Pfändung selbst gedeckt werden können.

- § 811 ZPO sieht einen Katalog von Pfändungsverboten vor, der zwingend zu beachten ist.

- § 812 ZPO verbietet die Pfändung von sog. Hausrat, also Sachen, die zum täglichen Bedarf erforderlich sind.

Merke: Ein Verstoß gegen die Pfändungsverbote führt zur Anfechtbarkeit der konkreten Pfändungsmaßnahme. Insbesondere § 811 ZPO ist aufgrund der zahlreichen Pfändungsverbote ein häufiger Klausuraufhänger.

9. Was ist in Bezug auf die Wirkungen der Pfändung zu beachten?

Durch die Pfändung treten zwei Wirkungen ein:

- Die Verstrickung,
- das Entstehen eines Pfändungspfandrechtes.

Die **Verstrickung** bezeichnet die staatliche Beschlagnahme der gepfändeten Sache. Durch sie verliert der Schuldner die Verfügungsbefugnis über die Sache. Ein relatives Verfügungsverbot nach §§ 136, 135 BGB wird herbeigeführt.

> **Merke:** Nur die Verfügungsbefugnis geht dem Schuldner verlustig. Er bleibt allerdings vorerst Eigentümer der Sache.

Die Verstrickung ist nur bei besonders schweren und evidenten Verstößen nichtig, beispielsweise, wenn gar kein Titel vorliegt oder das funktionell unzuständige Vollstreckungsorgan gehandelt hat. Ansonsten ist der Vollstreckungsakt wirksam aber anfechtbar.

Das **Pfändungspfandrecht** entsteht durch die Pfändung zu Gunsten des Gläubigers und gibt diesem aufgrund von § 804 Abs. 2 ZPO ein Pfandrecht, das wie ein vertragliches Pfandrecht zu behandeln ist.

Nach der heute herrschenden Meinung entsteht das Pfändungspfandrecht entsprechend der sog. **gemischt privatrechtlichen-öffentlichrechtlichen Theorie**. Hiernach wird die Entstehung des Pfändungspfandrechts von der Entstehung der Verstrickung getrennt. Das bedeutet, dass ein Pfändungspfandrecht nur entsteht, wenn die titulierte Forderung wirklich existiert, die Verfahrensvorschriften eingehalten wurden und eine im Eigentum des Schuldners stehende Sache gepfändet wurde.

10. Wie läuft die Verwertung der gepfändeten Sache ab?

Die Pfändung allein führt noch nicht zur Befriedigung des Gläu-bigerinteresses. Um den Gläubiger endgültig zu befriedigen, muss die gepfändete Sache verwertet werden:

- Bei gepfändetem Geld erfolgt dies nach § 815 Abs. 1 ZPO durch Ablieferung an den Gläubiger.

- Bei anderen beweglichen Sachen wird regelmäßig eine Versteigerung durchgeführt, § 814 ZPO. Durch den Zu-schlag nach § 817 ZPO kommt ein öffentlich-rechtlicher Eigentumserwerb vom Staat auf den Ersteigerer zustande. Hieraus leitet der Ersteigerer seinen Anspruch auf Über-eignung der Sache ab. Diese folgt aus § 817 Abs. 2 ZPO durch Zahlung und Übergabe. Somit wird Eigentum kraft Hoheitsakt erworben. Gerade keine Anwendung finden die Vorschriften der §§ 929 ff. BGB. Somit ist es hier auch gleichgültig, wer tatsächlich Eigentümer der Sache war und ob der Erwerber gut- oder bösgläubig ist. Der Erlös wird sodann an den Gläubiger herausgegeben und der Gläubiger dadurch befriedigt.

Beachten Sie die nachfolgende Übersicht zur Zwangsvollstreck-ung wegen Geldforderungen in das bewegliche Vermögen:

A. Zuständiges Organ ist der Gerichtsvollzieher

B. Wirksamkeitsvoraussetzungen der Pfändung

   I. Allgemeine Vollstreckungsvoraussetzungen
     1. Titel,
     2. Klausel
     3. Antrag
     4. Zustellung

   II. Besondere Pfändungsvoraussetzungen
     1. zur rechten Zeit am rechten Ort
     2. in der rechten Art und Weise
     3. im rechten Umfang

> **C. Wirkungen der Pfändung**
> 1. Verstrickung
> 2. Pfändungspfandrecht
>
> **D. Verwertung**
> 1. Grds. öffentliche Versteigerung, §§ 814 ff. ZPO
>   => Hoheitlicher Eigentumserwerb unabhängig von
>   §§ 929 ff. BGB
> 2. andere Verwertungsarten auf Antrag des Gläubigers,
>   § 825 ZPO

11. Wie läuft die Zwangsvollstreckung wegen Geldforderungen in Forderungen ab?

Die sog. **Forderungspfändung** ist in §§ 828 ff. ZPO geregelt. Zuständig ist demnach ausschließlich das Vollstreckungsgericht (siehe oben). Die Forderungspfändung ermöglicht dem Gläubiger ohne den Umweg der Versteigerung auf bestehende Forderungen des Schuldners gegenüber Dritten (z.B. das Guthaben des Schuldners bei seiner Hausbank) zurückzugreifen. Der Schuldner des Schuldners ist der sog. **Drittschuldner**.

Es liegt folgende Konstellation vor:

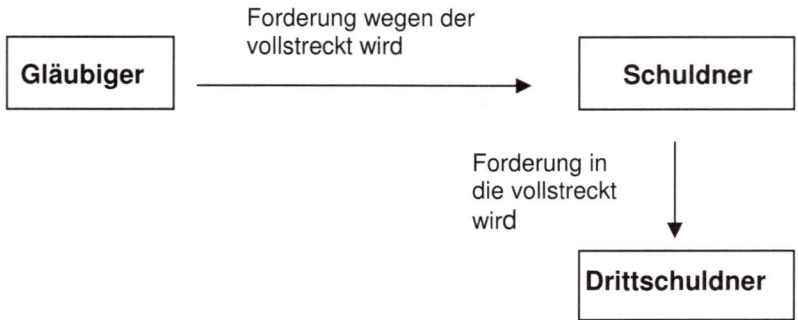

Aus dem obigen Schaubild folgt, dass die Forderungspfändung dergestalt abläuft, dass auf einen Antrag des Gläubigers das

Amtsgericht als Vollstreckungsgericht die Forderung des Schuldners gegenüber einem Dritten (Drittschuldner) pfändet und dem Gläubiger zur Verwertung überweist.

A. Zuständiges Organ ist das Vollstreckungsgericht

B. Vollstreckungsgegenstand: Geldforderungen, soweit sie übertragbar sind, § 851 ZPO

C. Wirksamkeitsvoraussetzungen der Pfändung

    I. Allgemeine Vollstreckungsvoraussetzungen
      1. Titel,
      2. Klausel
      3. Antrag
      4. Zustellung

    II. Wirksamer Pfändungsbeschluss nach § 829 ZPO
      1. Bestimmtheit der zu pfändenden Forderung
      2. Zahlungsverbot an Drittschuldner

    III. Wirksame Zustellung des Pfändungsbeschlusses an den Drittschuldner, § 829 Abs. 2 ZPO

D. Wirkungen der Pfändung

    1. Verstrickung
    2. Pfändungspfandrecht nur an existenten und schuldnereigenen Forderungen

E. Verwertung

    1. Überweisung an den Gläubiger durch Überweisungsbeschluss

    2. Arten der Überweisung, § 835 ZPO
      a. An Zahlung Statt oder
      b. zur Einziehung

F. Stellung des Drittschuldners

1. Drittschuldner hat alle Einwendungen gegen die gepfändete Forderung, §§ 404 ff. BGB analog
2. Gutglaubensschutz über § 407 BGB analog oder § 836 Abs. 2 ZPO

12. Wie läuft die Zwangsvollstreckung wegen Geldforderungen in das unbewegliche Vermögen ab?

Für die sog. **Immobiliarvollstreckung** finden sich in §§ 864 ff. ZPO umfangreiche Vorschriften, die das weitere Verfahren ausgestalten. Zunächst ist zu beachten, dass diese Vorschriften nach § 869 ZPO durch die Vorschriften des Gesetzes über die Zwangsversteigerung und die Zwangsverwaltung (**ZVG**) ergänzt werden.

Der Immobiliarvollstreckung unterliegen gemäß §§ 864, 865 ZPO:

- Grundstücke und grundstücksgleiche Rechte,
- Bruchteilsrechte wie z.B. das Miteigentum an einem Grundstück,
- Gegenstände, die in den Haftungsverband einer Hypothek nach § 865 Abs. 1 ZPO, § 1120 BGB fallen.

Merke: Klausurrelevant ist in erster Linie die Zwangsvollstreckung in Grundstücke.

Die Immobiliarvollstreckung erfolgt durch

- Eintragung einer Sicherungshypothek, §§ 867 ff. ZPO
- Zwangsversteigerung nach ZVG, oder
- Zwangsverwaltung nach ZVG.

13. Welche Grundlagen gelten für die Sicherungshypothek?

Die Eintragung der Sicherungshypothek ist die entscheidende Vollstreckungsmaßnahme und zugleich Grundbuchgeschäft. Zuständig zur Vornahme dieser Vollstreckungsmaßnahme ist das jeweilige Grundbuchamt, §§ 867, 866 Var. 1 ZPO.

Die als Zwangshypothek im Grundbuch gemäß § 867 ZPO eingetragene Sicherungshypothek dient der dinglichen Sicherung der titulierten Forderung des Gläubigers.

> **Merke:** Der Sicherungscharakter steht im Mittelpunkt. Die Befriedigung wird nicht schon durch die Eintragung der Sicherungshypothek erlangt. Vielmehr bedarf es wiederum der Verwertung durch Zwangsversteigerung nach § 867 Abs. 3 ZPO.

14. Welche Grundlagen gelten für die Zwangsversteigerung?

Die Zwangsversteigerung bezeichnet die Verwertung des Grundstückes selbst, § 866 Var. 2 ZPO. Nach §§ 1, 15 ZVG ist hierfür das Amtsgericht als sog. Vollstreckungsgericht zuständig. Die Verwertung des Grundstücks erfolgt durch Versteigerung.

> **Merke:** Die Befriedigung aus dem Erlös der Grundstücksversteigerung steht im Mittelpunkt.

15. Welche Grundlagen gelten für die Zwangsverwaltung?

Durch die Möglichkeit nach §§ 146 ff. ZVG, § 866 Var. 3 ZPO ein Grundstück unter Zwangsverwaltung zu stellen, wird durch den Gesetzgeber ein Weg geschaffen, den Gläubiger aus den laufenden Nutzungen eines Grundstückes zu befriedigen. Insbesondere Miet- und Pachtzinsforderungen werden durch die Zwangsverwaltung erfasst.

Zuständiges Vollstreckungsorgan ist wiederum das Amtsgericht als Vollstreckungsgericht. Es bestimmt nach § 150 Abs. 1 ZVG einen sog. **Zwangsverwalter**.

▶ **Literatur zu diesem Abschnitt**

📖 Benschig/Stadler, **Jura** 2002, 438 ff. (Grundlagenwissen)
📖 Maier, **JuS** 1992, 650 ff. (Grundlagenwissen)
📖 Lange/Wolf, **JuS** 2003, 1180 ff. (Grundlagenwissen)

IV. Zwangsvollstreckung wegen anderer Ansprüche

Die Zwangsvollstreckung wegen anderer Ansprüche als den oben dargestellten Geldforderungen ist in §§ 883 ff. ZPO geregelt. Bereits dargestellt wurde, dass es sich um

- Herausgabe,
- Vornahme von Handlungen,
- Duldungen oder Unterlassungen oder
- Abgabe von Willenserklärungen handelt.

Hinweis: Aufgrund der sehr geringen Klausurrelevanz wird hier von einer weiteren Darstellung abgesehen.

V. Rechtsbehelfe in der Zwangsvollstreckung

Die Rechtsbehelfe in der Zwangsvollstreckung sind ein sehr beliebter Aufhänger für Klausuren. Durch die zahlreichen Verknüpfungen von materiellen und prozessualen Fragestellungen bietet sich dieser Themenbereich besonders als Prüfungsaufgabe an. In erster Linie werden Ihnen die folgenden Rechtsbehelfe begegnen:

- Die Vollstreckungserinnerung, § 766 ZPO,

- Die Vollstreckungsabwehrklage, § 767 ZPO,

- Die Drittwiderspruchsklage, § 771 ZPO,

- Die Klage auf vorzugsweise Befriedigung, § 805 ZPO.

Sofern Sie mit Rechtsbehelfen in der Zwangsvollstreckung konfrontiert werden, denken Sie stets an die grundsätzliche Unterscheidung zwischen

- Zulässigkeit des Rechtsbehelfs und
- Begründetheit des Rechtbehelfs.

Vom Aufbau her sind hier regelmäßig immer wieder die gleichen Punkte gedanklich abzuprüfen. Insofern werden Sie viele Synergieeffekte zwischen den unterschiedlichen Rechtsbehelfen nutzen können.

Innerhalb der Zulässigkeit sind (neben anderen Punkten) **stets**

- die **Statthaftigkeit** des jeweiligen Rechtsbehelfs,
- die **Zuständigkeit** des angerufenen Gerichts und
- das **Rechtsschutzbedürfnis** anzusprechen.

1. Die Vollstreckungserinnerung: Schildern Sie die Grundlagen!

Die Vollstreckungserinnerung nach § 766 ZPO (auch Erinnerung) dient dazu, eine einzelne Vollstreckungsmaßnahme für unzulässig zu erklären. Mit ihr werden Verfahrensfehler der Vollstreckungsorgane angegriffen. Sie hat keinen Devolutiveffekt und ist daher auch kein Rechtsmittel. Die Entscheidung des Vollstreckungsgerichts ergeht durch Beschluss. Die Prüfung lässt sich wie folgt aufbauen:

A. Zulässigkeit

    I. Statthaftigkeit
    II. Zuständigkeit
    III. Rechtsschutzbedürfnis
    IV. Erinnerungsbefugnis
    V. Keine Frist

B. Begründetheit

    I. Allgemeine Vollstreckungsvoraussetzungen
    II. Besondere Vollstreckungsvoraussetzungen
    III. Fehlen von Vollstreckungshindernissen
    IV. Beachtung der Vorschriften zur Durchführung der konkreten Vollstreckungsmaßnahme

---

1.1 Was ist innerhalb der Zulässigkeit der Vollstreckungserinnerung im Einzelnen zu erörtern?

Die **Statthaftigkeit** der Erinnerung ist nach § 766 Abs. 1 ZPO dann gegeben, wenn der Vollstreckungsschuldner formelle Einwendungen gegen die ihn konkret betreffende Vollstreckungsmaßnahme geltend macht (z.B. weil die Herausgabebereitschaft nach § 809 ZPO nicht vorgelegen hat oder weil § 811 ZPO missachtet wurde).

> **Merke:** Umgrenzen Sie hier genau die konkrete Vollstreckungsmaßnahme und stellen Sie dar, welche formelle Einwendung der Schuldner erhebt. Dies können unter Umständen auch mehrere Einwendungen sein.

Bei der **Zuständigkeit** sollte der Hinweis nicht fehlen, dass sachlich eine ausschließliche, also vom Streitwert unabhängige Zuständigkeit des Amtsgerichts als Vollstreckungsgericht nach §§ 766 Abs. 1 S. 1, 764 Abs. 1, 802 ZPO vorliegt.

Örtlich ist nach §§ 766 Abs. 1, 764 Abs. 2, 802 ZPO ausschließlich das Amtsgericht zuständig, in dessen Bezirk sich die Vollstreckungshandlung ereignet hat.

> **Merke:** Zeigen Sie Verständnis im Umgang mit den Normen und verwenden Sie die Signalwörter der sachlichen und örtlichen Zuständigkeit. Machen Sie dann deutlich, dass diese Zuständigkeiten nach § 802 ZPO **ausschließlich** sind.

Im Hinblick auf das **Rechtsschutzbedürfnis** ist zu beachten, dass der Rechtsbehelfsführer durch die konkrete Vollstreckungsmaßnahme in seinen Rechten unmittelbar betroffen sein muss. Dies ist regelmäßig zu bejahen, wenn die Zwangsvollstreckung bereits begonnen hat und noch nicht beendet ist.

Für die **Erinnerungsbefugnis** (zum Teil auch Beschwer) ist darzulegen, dass der Beschwerdeführer möglicherweise durch das Vollstreckungsorgan in seinen Rechten verletzt worden ist. Für den Schuldner gilt, dass er durch jede Vollstreckungsmaßnahme beschwert ist. Eine Erinnerungsbefugnis des Gläubigers liegt hingegen dann vor, wenn sich das Vollstreckungsorgan weigert, die Vollstreckung durchzuführen oder vom gestellten Antrag abweicht.

Merke: Denken Sie hier an die Wertung des § 42 Abs. 2 VwGO!

Die Erinnerung ist an **keine Frist** gebunden.

1.2 Was ist innerhalb der Begründetheit der Vollstreckungserinnerung im Einzelnen zu erörtern?

Die Erinnerung ist begründet, wenn eine der allgemeinen oder besonderen Vollstreckungsvoraussetzungen missachtet wurde, ein Vollstreckungshindernis bestanden hat oder das Vollstreckungsorgan bei der Durchführung der Vollstreckungsmaßnahme eine dem Schutz des Beschwerdeführers dienende Vorschrift verletzt hat.

> **Merke:** Prüfen Sie hier gedanklich die oben dargestellten Grundlagen einer jeden Zwangsvollstreckung durch!

Innerhalb der **allgemeinen Vollstreckungsvoraussetzungen** wird von Ihnen verlangt zu überprüfen, ob die Grundvoraussetzungen, also Antrag, Titel, Klausel und Zustellung vorliegen.

Die **besonderen Vollstreckungsvoraussetzungen** beschränken sich im Wesentlichen auf drei Konstellationen:

- § 751 Abs. 1 ZPO, also dass ein bestimmter Kalendertag eingetreten ist.

- § 751 Abs. 2 ZPO, also der Nachweis, dass die Sicherheitsleistung erbracht worden ist.

- §§ 756, 765 ZPO, also das Problem der Zug-um-Zug Leistung des Gläubigers.

> **Merke:** Lesen Sie diese Normen einmal genau durch. Dann erkennen Sie die zu Grunde liegenden Wertungen ohne Probleme!

Im Hinblick auf **Vollstreckungshindernisse** ist an § 775 ZPO sowie die angesprochenen Vollstreckungsverträge zu denken. Liegt ein Vollstreckungshindernis vor, so ist dies von Amts wegen zu beachten.

Die Prüfung der Frage, ob bei der Durchführung der Vollstreckungsmaßnahme eine dem **Schutz des Beschwerdeführers dienende Vorschrift verletzt** worden ist, sollte insbesondere im Hinblick auf eine mögliche Verletzung des § 809 ZPO (Mitgewahrsam Dritter) und der Schuldnerschutzvorschriften des § 811 ZPO durchgeführt werden.

2. Die Vollstreckungsabwehrklage: Schildern Sie die Grundlagen!

Die Vollstreckungsabwehrklage nach § 767 ZPO (zum Teil auch Vollstreckungsgegenklage) ist eine prozessuale Gestaltungsklage. Sie ist nicht auf die Beseitigung des Vollstreckungstitels gerichtet, sondern nur auf dessen Vollstreckbarkeit. Mit der Vollstreckungsabwehrklage kann der Schuldner materielle Einwendungen geltend machen, die sich gegen den titulierten Anspruch richten. Das Gericht entscheidet durch Urteil.

> **Merke:** Wird der Beklagte zur Zahlung einer bestimmten Geldsumme verurteilt und zahlt er erst nach Rechtskraft des Urteils, dann existiert ein vollstreckbarer Titel (das Urteil), obwohl Erfüllung nach § 362 BGB eingetreten ist. Hier hilft die Vollstreckungsabwehrklage.

Die Prüfung lässt sich wie folgt aufbauen:

A. Zulässigkeit

I. Statthaftigkeit
II. Zuständigkeit
III. Rechtsschutzbedürfnis
IV. Allgemeine Prozessvoraussetzungen

B. Begründetheit

I. Sachbefugnis der Parteien
II. Einwendungen gegen den titulierten Anspruch
III. Keine Präklusion nach § 767 Abs. 2 ZPO

2.1 Was ist innerhalb der Zulässigkeit der Vollstreckungsabwehrklage im Einzelnen zu erörtern?

Die Vollstreckungsabwehrklage ist grundsätzlich dann **statthaft**, wenn die Vollstreckbarkeit eines Titels beseitigt werden soll und der Kläger zu diesem Zweck materiellrechtliche Einwendungen gegen den zu Grunde liegenden titulierten Anspruch geltend macht. Neben den in § 704 Abs. 1 ZPO benannten Titeln ist die Vollstreckungsabwehrklage nach § 795 ZPO auch gegen alle in § 794 Abs. 1 ZPO genannten Titel statthaft.

> **Merke:** Die Verweisungsnorm in § 795 ZPO sollten Sie unbedingt kennen und gegebenenfalls auch zitieren. Sie erweitert den Anwendungsbereich des § 767 ZPO erheblich.

Die **Zuständigkeit** des Gerichts folgt unmittelbar aus § 767 Abs. 1 ZPO. Danach ist das Prozessgericht des ersten Rechtszuges ausschließlich sachlich und örtlich zuständig. Hierbei handelt es sich nach § 802 ZPO um eine ausschließliche Zuständigkeit.

> **Merke:** Der Prozess wird also dort fortgeführt, wo auch das ursprüngliche Verfahren stattgefunden hat. Insoweit kann es hier zu Abweichungen vom Grundsatz kommen, dass das Gericht am Wohnort des Beklagten liegt, vgl. §§ 12 ff. ZPO.

Das **Rechtsschutzbedürfnis** ist grundsätzlich dann gegeben, wenn ein Titel vorliegt, der zur Zwangsvollstreckung geeignet ist und die Zwangsvollstreckung noch nicht beendet ist.

> **Merke:** Anders, als bei §§ 766, 771, 805 ZPO ist nicht erforderlich, dass bereits erste Zwangsvollstreckungsmaßnahmen durchgeführt worden sind. § 767 ZPO richtet sich gerade gegen den zu Grunde liegenden titulierten Anspruch selbst und besteht unabhängig von den betroffenen Gegenständen der Zwangsvollstreckung.

Schließlich sind alle **allgemeinen Prozessvoraussetzungen** zu beachten. Hier sind also die allgemeinen Zulässigkeitsvoraussetzungen einer Klage zu prüfen.

2.2 Was ist innerhalb der Begründetheit der Vollstreckungsabwehrklage im Einzelnen zu erörtern?

Die Vollstreckungsabwehrklage ist begründet, wenn dem Kläger als Vollstreckungsschuldner eine materiell-rechtliche Einwendung gegen den titulierten Anspruch selbst zusteht und diese Einwendung nicht durch die Präklusionsvorschrift des § 767 Abs. 2 ZPO ausgeschlossen ist.

Zunächst ist klarzustellen, dass die Parteien **sachbefugt** sind. Dies ist der Fall, wenn der Kläger Vollstreckungsschuldner und der Beklagte Vollstreckungsgläubiger ist.

Merke: Lassen Sie sich nicht irritieren und beachten Sie die Systematik. Mit der Vollstreckungsabwehrklage wehrt sich der verurteilte Beklagte als Vollstreckungsschuldner gegen die Vollstreckbarkeit des zu seinen Lasten ergangenen Urteils. Somit wird im Rahmen der Vollstreckungsabwehrklage der ursprüngliche Beklagte zum Kläger der Vollstreckungsabwehrklage.

Weiterhin ist zu untersuchen, ob dem Vollstreckungsabwehrkläger tatsächlich eine Einwendung zur Seite steht. Hierbei sind beispielsweise die **rechtsvernichtenden Einwendungen**

- Erfüllung (Zahlung, Aufrechnung),
- Abtretung,
- Erlass,
- Verzicht,
- Vergleich

und die **rechtshemmenden Einwendungen**

- Verjährung,
- Zurückbehaltungsrecht,
- Stundung

von besonderer Bedeutung.

Merke: Die Prüfung der Einwendungen führt Sie in das Ihnen bekannte materielle Recht und ist regelmäßig der Schwerpunkt der Klausur. Daran zeigt sich, dass das Prozessrecht auch bei § 767 ZPO nur ein Aufhänger für die Prüfung des materiellen Rechts ist.

Schließlich darf nicht die **Präklusionsregelung** des § 767 Abs. 2 ZPO eingreifen. Die Einwendung darf erst dann im Rahmen des § 767 ZPO geltend gemacht werden, wenn sie nach dem Schluss der letzten mündlichen Verhandlung entstanden ist. Diese Vorschrift soll gewährleisten, dass die materielle Rechtskraft geschützt wird. Einwendungen dürfen nur dann geltend gemacht werden, wenn sie „**neu**" sind.

Merke: Die Überlegung des Gesetzgebers in § 767 Abs. 2 ZPO drängt sich auf. „Alte" Einwendungen hätte der Vollstreckungsschuldner bereits in der Ausgangsverhandlung geltend machen können. Er verdient keinen Schutz, wenn er diese Möglichkeit versäumt und ist nach § 767 Abs. 2 ZPO präkludiert.

Der Schluss der letzten mündlichen Verhandlung ist für Sie als Datum in der Prüfung damit von erheblicher Bedeutung. Daher sind die sog. rechtshindernden Einwendungen auch stets präkludiert. Sie lagen schließlich bereits im Ausgangsverfahren vor.

2.3 Was ist im Hinblick auf § 767 Abs. 2 ZPO bei Gestaltungsrechten zu beachten?

Im Hinblick auf die Präklusion nach § 767 Abs. 2 ZPO ist bei den sog. Gestaltungsrechten (Anfechtung, Kündigung, Rücktritt, etc.) umstritten, auf welchen Zeitpunkt abzustellen ist.

Zur Klarstellung dieser Problematik ist zu bedenken, dass Gestaltungsrechte **zweigliedrig** aufgebaut sind. Sie setzen sich zusammen aus

- dem Vorliegen einer Gestaltungslage und
- der Ausübung des Gestaltungsrechtes durch Erklärung.

Folgender Beispielfall soll das Problem einleiten:

Beispiel: Schuldner S wird durch das Gericht zur Zahlung von 1.000 € an Gläubiger G verurteilt. Nach Erlass des rechtskräftigen Urteils bemerkt S, dass ihm schon während der Gerichtsverhandlung gegen den G ein Schadensersatzanspruch in Höhe von 1.000 € zugestanden hat. Er rechnet nunmehr im Rahmen der Vollstreckungsabwehrklage nach §§ 387 ff. BGB auf. Steht § 767 Abs. 2 ZPO der Aufrechnung entgegen?

Nach der sog. **Theorie der tatsächlichen Gestaltung** ist die Ausübung des Gestaltungsrechts durch Abgabe der Gestaltungserklärung stets eine neue Tatsache im Sinne des § 767 Abs. 1 ZPO, die nicht durch § 767 Abs. 2 ZPO ausgeschlossen ist. Da Gestaltungsrechte gerade aus zwei Komponenten bestehen, nämlich Gestaltungslage und Gestaltungserklärung, entstehen sie auch erst in dem Augenblick, in dem sie tatsächlich ausgeübt worden sind. Hiernach wäre im Beispielsfall der S nicht nach § 767 Abs. 2 ZPO präkludiert.

Nach der sog. **Theorie der objektiven Gestaltungsmöglichkeit** kommt es hingegen nur auf das Vorliegen der Gestaltungslage an. Das Abstellen auf die Gestaltungserklärung würde dazu führen, dass die von § 767 Abs. 2 ZPO beabsichtigte Sicherung der materiellen Rechtskraft deshalb unterlaufen wird, weil derjenige, der das Gestaltungsrecht ausübt, über den Zeitpunkt bestimmen könnte (Verzögerungsgefahr). Auch ist dem Wortlaut des § 767 Abs. 2 ZPO zu entnehmen, dass allein die Gründe, auf denen die Einwendung beruht, für die Frage der Präklusion maßgeblich sind.

Nach dieser unter anderem auch vom **BGH** vertretenen Ansicht ist die Geltendmachung eines Gestaltungsrechts immer dann durch § 767 Abs. 2 ZPO ausgeschlossen, wenn unter rein objektiven Kriterien das Gestaltungsrecht bereits im Vorprozess hätte ausgeübt werden können, weil die Gestaltungslage bereits zum damaligen Zeitpunkt bestanden hat. Hiernach wäre im Beispielsfall der S nach § 767 Abs. 2 ZPO präkludiert.

> **Merke:** Das Zusammentreffen von Gestaltungsrechten und § 767 Abs. 2 ZPO gehört zu den beliebtesten **Klausurklassikern** überhaupt. Berücksichtigen Sie dies unbedingt bei Ihrer Prüfungsvorbereitung und setzen Sie in der Klausur einen deutlichen Schwerpunkt, wenn dieses Problem auftritt. Sofern Sie gut argumentieren sind hier sicherlich beide Ansichten vertretbar.

3. Die Drittwiderspruchsklage: Schildern Sie die Grundlagen!

Die Drittwiderspruchsklage nach § 771 ZPO kann man untechnisch als den Herausgabeanspruch des Eigentümers gegenüber dem Besitzer nach § 985 BGB in der Zwangsvollstreckung bezeichnen. Bereits ausgeführt wurde, dass es für die Zulässigkeit der Zwangsvollstreckung nicht darauf ankommt, dass der Vollstreckungsgegenstand im Eigentum des Schuldners steht. Vielmehr genügt die tatsächliche Besitzposition. Wird demnach in eine im fremden Eigentum stehende Sache vollstreckt, so bietet die Drittwiderspruchsklage nach § 771 ZPO dem wahren Eigentümer eine Rechtsschutzmöglichkeit. Das Gericht entscheidet bei dieser prozessualen Gestaltungsklage durch Urteil.

Merke: Innerhalb der Zwangsvollstreckung ist § 985 BGB gesperrt. Daher gibt es die spezielle Regelung in § 771 ZPO.

Die Prüfung lässt sich wie folgt aufbauen:

A. Zulässigkeit

    I. Statthaftigkeit
    II. Zuständigkeit
    III. Rechtsschutzbedürfnis
    IV. Allgemeine Prozessvoraussetzungen

B. Begründetheit

    I. Unterliegt der in Frage stehende Gegenstand der Zwangsvollstreckung?
    II. Existiert ein die Veräußerung hinderndes Recht?

3.1   Welcher Unterschied besteht zwischen der Drittwiderspruchsklage und § 767 ZPO bzw. § 766 ZPO?

Bei der Drittwiderspruchsklage wehrt sich - anders als bei der Vollstreckungsabwehrklage nach § 767 ZPO - nicht der Schuldner, sondern ein **außenstehender Dritter** gegen die Zwangsvollstreckung. Die Drittwiderspruchsklage gründet sich - anders als die Erinnerung nach § 766 ZPO - nicht auf die Verletzung vollstreckungsrechtlicher Verfahrensvorschriften, sondern allein auf **materielles Recht**.

3.2 Was ist innerhalb der Zulässigkeit der Drittwider- spruchsklage im Einzelnen zu erörtern?

Die **Statthaftigkeit** der Drittwiderspruchsklage ist zu bejahen, wenn

- ein außerhalb der Zwangsvollstreckung stehender Dritter
- als Kläger behauptet
- dass ihm am Vollstreckungsgegenstand
- ein die Veräußerung hinderndes Recht zusteht.

Hinsichtlich der **Zuständigkeit** ist die gesetzliche Regelung in § 771 ZPO genau zu betrachten. In ihr ist **nur** die örtliche Zustän- digkeit geregelt. Gemäß § 802 ZPO ist diese wiederum eine aus- schließliche Zuständigkeit. Die sachliche Zuständigkeit folgt den allgemeinen Regelungen in § 1 ZPO, §§ 23, 71 GVG und ist nicht ausschließlich.

Das **Rechtsschutzbedürfnis** für eine Drittwiderspruchsklage liegt dann vor, wenn die Zwangsvollstreckungsmaßnahme bereits be- gonnen hat und noch nicht beendet ist.

Die **allgemeinen Prozessvoraussetzungen** sind ebenfalls zu beachten (vergleiche hierzu bereits oben).

3.3 Was ist innerhalb der Begründetheit der Drittwider- spruchsklage im Einzelnen zu erörtern?

Die Drittwiderspruchsklage nach § 771 ZPO ist begründet, wenn dem Kläger am Gegenstand der Zwangsvollstreckung ein die Ver- äußerung hinderndes Recht zusteht und dessen Geltendmachung nicht durch Gegenrechte des Beklagten ausgeschlossen ist.

Zunächst ist klar anhand der Angaben im Sachverhalt heraus- zuarbeiten, dass der in Frage stehende Gegenstand auch tat- sächlich der **Zwangsvollstreckung unterliegt**.

Weiterhin ist zu untersuchen, ob dem Kläger ein die **Veräußerung hinderndes Recht** auch tatsächlich zusteht. Hier spielt in erster Linie das **Eigentum** eine entscheidende Rolle innerhalb der Klau- surwirklichkeit.

Merke: Die Drittwiderspruchsklage ist somit ein typisches Einfallstor für eine Klausur aus dem Bereich des Sachenrechts. Eingekleidet in den prozessualen Aufhänger der Drittwiderspruchsklage nach § 771 ZPO sind von Ihnen dann im Rahmen der Begründetheit die bekannten materiell-rechtlichen Ausführungen aus dem Sachenrecht zu erörtern. Insbesondere muss dargestellt werden, ob der Kläger der Drittwiderspruchsklage tatsächlich ein die Veräußerung hinderndes Recht, zum Beispiel das Eigentum nach §§ 929 ff. BGB erworben hat.

Schließlich ist auf die Frage einzugehen, ob dem Beklagten der Drittwiderspruchsklage gegenüber dem Kläger nicht eventuelle Einwendungen zur Seite stehen, die dazu führen, dass sich der Kläger nicht durchsetzen kann. Dies kann der Fall sein,

- wenn der Beklagte dem Kläger § 9 AnfG entgegenhalten und den Kläger zur Duldung der Zwangsvollstreckung verpflichten kann (zum Beispiel, wenn der Kläger das die Veräußerung hindernde Recht aufgrund eines anfechtbaren Rechtsgeschäftes erhalten hat),

- wenn der Kläger sich nach § 242 BGB wegen Rechtsmissbrauches nicht auf das die Veräußerung hindernde Recht berufen kann, weil er die Vollstreckung dulden muss (zum Beispiel, wenn der Kläger als Bürge für den Anspruch, aus dem vollstreckt wird, haftet).

3.4 Welches typische Klausurproblem tritt unter dem Punkt „ein die Veräußerung hinderndes Recht" auf? Welche Rechte kommen im Sinne von § 771 ZPO in Betracht?

Innerhalb der Klausur sollte im Rahmen der Begründetheitsprüfung dargestellt werden, welches gesetzgeberische Ziel die Regelung in § 771 ZPO sichert. Hierbei ist insbesondere zu beachten, dass ein die Veräußerung hinderndes Recht so innerhalb der deutschen Rechtsordnung gar nicht existiert. Schließlich ist selbst das Eigentumsrecht als das stärkste sachliche Recht nicht gänzlich geschützt. Über die Vorschriften des gutgläubigen Erwerbs nach §§ 929, 932 ff. BGB bzw. § 892 BGB kann es an einen Dritten verloren gehen.

Sinn und Zweck der Vorschrift in § 771 ZPO verdeutlichen aber, dass es um das gesetzgeberische Bestreben geht, die Zwangsvollstreckung auf das **schuldnereigene Vermögen** zu begrenzen. Schließlich liegt nur gegen diesen ein Titel vor.

Daher ergibt die Auslegung der Vorschrift, dass es um die Frage geht, ob durch die Zwangsvollstreckung in den billigerweise geschützten **Rechtskreis eines Dritten** eingegriffen wird.

Merke: Stellen Sie sich in der Klausur daher die folgende Kontrollfrage: Hätte der Schuldner der Zwangsvollstreckung, wenn er selbst über den Gegenstand verfügt hätte, in den Rechtskreis des klagenden Dritten eingegriffen? Bei Dritteigentum ist dies der Fall.

In erster Linie kommen im Sinne des § 771 ZPO die folgenden Rechte in Betracht:

- das Eigentum,
- das Sicherungseigentum (umstritten),
- das Anwartschaftsrecht beim Kauf unter Eigentumsvorbehalt,
- beschränkt dingliche Rechte (z.B. Grundpfandrechte).

4. Wozu dient die Klage auf vorzugsweise Befriedigung?

Über die Klage auf vorzugsweise Befriedigung nach § 805 ZPO werden die Inhaber besitzloser Pfand- oder Vorzugsrechte in ihren Interessen geschützt. Zwar haben sie keine Möglichkeit, der Zwangsvollstreckung zu widersprechen. Sie können aber einen Anspruch durchsetzen, im Rahmen der Verwertung des Gegenstandes vorzugsweise befriedigt zu werden.

Merke: Hierunter fällt typischerweise das Vermieterpfandrecht nach § 562 Abs. 1 BGB.

▶ **Literatur zu diesem Abschnitt**

📖 Preuß, **Jura** 2003, 181 ff., 540 ff. (zu § 766 ZPO)
📖 Schreiber, **Jura** 1992, 25 ff. (zu §§ 766, 767, 771, 805 ZPO)
📖 Maihold, **JA** 1995, 754 ff. (zu § 767 Abs. 2 ZPO)
📖 Wittschier, **JuS** 1997, 450 ff. (zu § 766 ZPO)
📖 Wittschier, **JuS** 1998, 926 ff. (zu § 771 ZPO)

Basiswissen Handelsrecht
Die Grundlagen in Frage und
Antwort

ISBN 978-3-86724-134-2
Preis: 6,60 €

Auch als Hörbuch/Audio-CD!

Basiswissen Gesellschaftsrecht
Die Grundlagen in Frage und
Antwort

ISBN 978-3-86724-135-9
Preis: 6,60 €

Auch als Hörbuch/Audio-CD!

Wettbewerbsrecht

ISBN 978-3-86724-132-8
Preis: 7,90 €

Internationales Privatrecht

ISBN 978-3-86724-129-8
Preis: 7,90 €

Definitionen für die Strafrechtsklausur
Unentbehrliche, griffige Formulierungen
aus dem AT & BT zum Auswendiglernen

ISBN 978-3-86724-050-5
Preis: 6,60 €

Auch als Hörbuch/Audio-CD!

Standardfälle Handels- und Gesellschaftsrecht

ISBN 978-3-86724-122-9
Preis: 6,60 €

Standardfälle Arbeitsrecht

ISBN 978-3-86724-125-0
Preis: 7,90 €

▶ Unsere 📖 Skripten 📑 Karteikarten 🎧 Hörbücher (Audio-CDs)

Zivilrecht (je 6,60 €*)

- 📖 Standardfälle für Anfänger und 📖 Standardfälle für Fortg.
- 📖 Standardfälle BGB AT
- 📖 Standardfälle Schuldrecht
- 📖 Standardfälle Ges. Schuldverh. (§§ 677, 812, 823)
- 📖 Standardfälle Sachenrecht
- 📖 Standardfälle Familien- und Erbrecht
- 📖 Originalklausuren Übung für Fortgeschrittene
- 📖 🎧 Basiswissen BGB (AT) (Frage-Antwort)
- 📖 🎧 Basiswissen SchR (AT) und 📖 🎧 Basisw SchR (BT)
- 📖 Einführung in das Bürgerliche Recht
- 📖 BGB (AT) (9,90 €)
- 📖 Schuldrecht (AT) (9,90 €)
- 📖 Schuldrecht (BT) 1 - §§ 437, 536, 634, 670 ff.
- 📖 Schuldrecht (BT) 2 - §§ 812, 823, 765 ff.
- 📖 Sachenrecht 1 – Bewegliche Sachen
- 📖 Sachenrecht 2 – Unbewegliche Sachen
- 📖 Familienrecht
- 📖 Erbrecht
- 📖 Streitfragen Schuldrecht
- 📖 🎧 Definitionen für die Zivilrechtsklausur (9,90 €)

Strafrecht (je 6,60 €*)

- 📖 Standardfälle für Anfänger Band 1 (7,90 €)
- 📖 Standardfälle für Anfänger Band 2
- 📖 Standardfälle für Fortgeschrittene (8,90 €)
- 📖 🎧 Basiswissen Strafrecht (AT) (Frage-Antwort)
- 📖 Basiswissen Strafrecht (BT) in Vorbereitung
- 📖 Strafrecht (AT)
- 📖 Strafrecht (BT) 1 – Vermögensdelikte (7,90 €)
- 📖 Strafrecht (BT) 2 – Nichtvermögensdelikte (7,90 €)
- 📖 Jugendstrafrecht/Strafvollzug/Kriminologie
- 📖 🎧 Definitionen für die Strafrechtsklausur

Öffentliches Recht (je 6,60 €*)

- 📖 Standardfälle Staatsrecht I – StaatsorgaR (7,90 €)
- 📖 Standardfälle Staatsrecht II – Grundrechte (9,90 €)
- 📖 Standardfälle für Anfänger (StaatsorgaR u. Grundrechte)
- 📖 Standardfälle Verwaltungsrecht (AT) (7,90 €)
- 📖 Standardfälle Verwaltungsrecht für Fortgeschrittene
- 📖 Standardfälle Baurecht (7,90 €)
- 📖 Standardfälle Europarecht (7,90 €)
- 📖 🎧 Basiswissen Staatsrecht I – StaatsorgaR (Frage-Antw.)
- 📖 🎧 Basiswissen Staatsrecht II – GrundR (Frage-Antw.)
- 📖 Basiswissen Verwaltungsrecht AT– (Frage-Antwort)
- 📖 Staatsorganisationsrecht (9,90 €)
- 📖 Grundrechte (9,90 €)
- 📖 Staatshaftungsrecht (7,90 €)
- 📖 Verwaltungsrecht (AT) 1 - VwVfG
- 📖 Verwaltungsrecht (AT) 2 – VwGO
- 📖 Verwaltungsrecht (BT) 1 – POR (7,90 €)
- 📖 Verwaltungsrecht (BT) 2 – Baurecht
- 📖 Verwaltungsrecht (BT) 3 – Umweltrecht
- 📖 🎧 Europarecht (9,90 €)
- 📖 🎧 Definitionen Öffentliches Recht (8,90 €)

Steuerrecht (je 6,60 €*)

- 📖 Abgabenordnung (AO)
- 📖 Einkommensteuerrecht (EStG) (7,90 €)
- 📖 Umsatzsteuerrecht (UStG) (7,90 €)
- 📖 Erbschaftsteuerrecht: erscheint ca. April 2008!
- 📖 Steuerstrafrecht/Verfahren/Steuerhaftung (7,90 €)

Sozialrecht (je 6,60 €*)

- 📖 Kinder- und Jugendhilferecht
- 📖 Sozpäd. Diagn.: SPFH & ambul. Hilfen d. KJH
- 📖 Sozialrecht

Nebengebiete (je 6,60 €*)

- 📖 Standardfälle Handels- & GesellschaftsR
- 📖 Standardfälle Arbeitsrecht (7,90 €)
- 📖 🎧 Basiswissen Handelsrecht (Frage-Antwort)
- 📖 🎧 Basiswissen Gesellschaftsrecht (Fra.-Antw.)
- 📖 🎧 Basiswissen ZPO (Frage-Antwort) (7,90 €)
- 📖 🎧 Basiswissen StPO (Frage-Antwort)
- 📖 Handelsrecht
- 📖 Gesellschaftsrecht
- 📖 Arbeitsrecht (7,90 €)
- 📖 Kollektives Arbeitsrecht (7,90 €)
- 📖 ZPO I – Erkenntnisverfahren (7,90 €)
- 📖 ZPO II – Zwangsvollstreckung
- 📖 Strafprozessordnung – StPO
- 📖 Internationales Privatrecht – IPR (7,90 €)
- 📖 Insolvenzrecht
- 📖 Gewerbl. Rechtsschutz/Urheberrecht (7,90 €)
- 📖 Wettbewerbsrecht (7,90 €)
- 📖 500 Spezial-Tipps f. Juristen (10,90 €)
- 📖 Mediation (7,90 €)

Karteikarten (je 8,90 €)

- 📑 Grundlagen des Zivilrechts
- 📑 Streitfragen Strafrecht
- 📑 Strafrecht (BT) 1 - Vermögensdelikte
- 📑 Strafrecht (BT) 2 – Nichtvermögensdelikte

Assessorexamen (je 6,60 €*)

- 📖 Die Relationstechnik
- 📖 Der Aktenvortrag im Strafrecht
- 📖 Der Aktenvortrag im Wahlfach Strafrecht
- 📖 Der Aktenvortrag im Zivilrecht
- 📖 Der Aktenvortrag im Öffentlichen Recht
- 📖 Urteilsklausuren Zivilrecht
- 📖 Anwaltsklausuren Zivilrecht
- 📖 Staatsanwaltl. Sitzungsdienst & Plädoyer
- 📖 Die strafrechtliche Assessorklausur
- 📖 Die öff.-rechtl. Assessorklausur Bd.1 (7,90 €)
- 📖 Die öff.-rechtl. Assessorklausur Bd.2
- 📖 Zwangsvollstreckungsklausuren
- 📖 Vertragsgestaltung in der Anwaltsstation

BWL & VWL (je 6,60 €*)

- 📖 Einführung in die Betriebswirtschaftslehre
- 📖 Einführung in die Volkswirtschaftslehre
- 📖 Ratg. „500 Spezial-Tipps für BWLer"
- 📖 Rechnungswesen
- 📖 Marketing
- 📖 Organisationsgestaltung & -entwickl. (7,90 €)
- 📖 Internationales Management
- 📖 Unternehmensführung
- 📖 Wie gelingt meine wiss. Abschlussarbeit?
- 📖 Ratgeber Assessment Center

Schemata (9,90 €)

- 📖 Die wichtigsten Schemata - ZivR,StrafR,ÖR
- 📖 Die wichtigsten Schemata - Nebengebiete

* 6,60 Euro, soweit nicht ein anderer Preis in ( ) angegeben ist! Irrtümer/Änd. vorbehalten!

🎧 bedeutet: auch als **Hörbuch** (Audio-CD) lieferbar (7,90 €)

Im **niederle-shop.de** bestellte Artikel treffen idR *nach 1-2 Werktagen* ein!